讓男人不敢做自己、隱藏過錯、渴望認同的童年創傷

毒性羞恥

著
羅伯特·格洛弗
Robert A. Glover

王梓争——譯

NO MORE MR NICE GUY

A PROVEN PLAN FOR GETTING WHAT YOU WANT IN LOVE, SEX, AND LIFE

活的透明、坦誠、有自信——不再當好好先生，遠離好人症候群

目錄

再版序

放下毒性羞恥，我會幫你做回自己

我本來沒打算寫書的。

開始寫書以前，我接受了心理治療來處理婚姻中的問題。我想不透爲什麼自己都這麼溫柔體貼了，老婆還是不開心，也時常拒絕我的求歡。我很努力取悅她，也總是靜下心來避免衝突、不會表露我的需求。可是她還是喜怒無常，動不動就生氣，又愛挑剔，甚至還不跟我做愛。

我眞心希望接受治療能讓我明白，**為什麼當一個「好人」，老婆也沒對我比較好？**這是我最想要搞清楚的事情。幸好我在治療初期就有好轉，開始學著坦承透明、設立界限、活得正直、善待自己、把自己的需求擺第一位、表達我的需求、擁抱我的熱情，並多與其他男性交流。

後來我開始注意到，來找我諮商的男士們都說了好多我也經歷過的問題，像是：「爲什麼我老婆那麼愛生氣？」「爲什麼怎麼做她都不滿意？」「她怎麼都不懂我的好？」「爲什麼她不想跟我做愛了？」「什麼時候才輪到我作主？」

我心想：「其實你們不用開口，我就知道你們要講什麼了，大家的問題都好像。看來我並不孤單，原來很多人都以爲當個好人，別人就會愛他、對他好。」所以我就爲這些男士們成立了「不再當好人」小組，每兩個禮拜編寫一堂課程，詳細的跟這些男士分享自己身爲好人所經歷的挫折，以及從這當中學到的事情。久而久之，不論是這些男士，還是他們的妻子或女朋友都開始對我說：「你應該去寫書；你應該去上歐普拉的脫口秀。」

雖然沒能登上歐普拉的脫口秀，但我後來的確寫了書。

我大概花了六年時間來寫這本書，這整個過程中，我要同時研究「好人症候群」與工作，除此之外也在學習寫作。我後來又花了三年才找到經紀人還有出版社。

本書被無數的出版社拒絕，原因都一樣，他們的行銷部門認爲男人才不會買書來自救，更別說去買一本稱他們爲「魯蛇」的書。然而，這些出版社都搞錯重點了，**我書中所寫的男士們才不是魯蛇，他們明明就很積極地想要變成更好的人，才會來買我的書。**

後來有幸獲得紐約的文學經紀人索貝爾賞識，經驗豐富的他找到了巴諾書店來出版這本書，這個出版社當時正在投資電子書的出版。

由於不懈的努力，再加上一點好運（有趣的是，當我越努力，就越幸運！），媒體注意到了我的心血，我一時得以聲名大噪，於是巴諾書店隨即與奔騰出版社合作，在二〇〇三年出版了實體書。

如今，已經快十五年了，本書銷量仍在年年成長，還被翻譯成十幾種語言。這就怪了，如果男人不會買書來自救，那這些書到底都賣給誰了？這次的再版讓我有機會簡單分享一下，自初版問世的這十五年來，我個人的歷程、職業生涯以及人生的進度。

我常說：「這本書其實是一本自傳，我只是借用了別人的故事來闡述自己的人生。」我也經常說道：「這本書收錄的內容，並非我成功的集錦，而是我失敗的合集。」

我並不是像學者一樣躲在書房裏，鑽研「好人」這個主題才寫出這本書。這本書所寫的都是好人們的眞實人生經驗、我的人生經驗，還有其他無數位男人的人生經驗，這些人占據了我職業生涯的一大部分。

我曾經是個典型的好人，而現在的我，到死之前都會是個「好轉中」的好人，因爲有時候，我還是會像大多數的好人一樣「學得慢、忘得快」。

廣大的男性同胞似乎很喜歡這本書，覺得書中的一切是如此的眞切又中肯。這麼多年來，他們寄了上千封電子郵件給我，問我爲什麼能如此了解他們的生活。他們說我的書改變了他們的人生，也給了他們方向和希望。原來，書寫我過去的掙扎還有學到的教訓，可以幫助到這世上諸多的男性，甚至是女性，這種感覺眞好。

這本書完成時，我其實強烈覺得一切尚未結束。我覺得我或許還在探索，也或許還在從好人症候群中恢復過來，但我不清楚這個感覺正不正確。

伊莉莎白是我的第二任妻子，跟她結婚時正是我開始正視自己，處理我的好人問題的時候。當時，我也正著手寫這本書。她對我很嚴格，不會讓我逃避該面對的問題。我必須全力以赴，改掉我的觀念。只要還是好人的一天，任務就不算完成。

我永遠感謝與伊莉莎白相遇的緣分，讓我開始走上這條路。書寫完後，我明白自己無法永遠擁有她的鞭策，也明白我無法再依賴她了。我們在書籍出版的半年前分開了。我當時完全不知道接下來的生活會變得如此不同，一路上多了許多嶄新的挑戰與成長的經驗。

我會盡量把過去十五年發生的事長話短說。我參與了新書的巡展，離了婚，這也是我成年以來，第一次別無選擇地學著獨自生活，而且我還在跟憂鬱症搏鬥，這期間經常感到情緒低落。

後來我也學著怎麼在快五十歲的年紀約會，期間遇見許多不錯的女性，也有豐富的性生活，在歷經十四年幾乎無性的生活之後，都快忘記這是什麼感覺了。我四處旅行，推廣我的書、搬了家，也重新開始諮商業務，甚至學了莎莎舞！

我還透過治療小組、研討會、線上課程還有諮商等方式，幫助了數以千計的好人；另外，也成立了一所線上學校，擔任針對男性的約會導師，關於這一點，假如你在我當初寫書時問要不要教男人怎麼約會，我一定會回答：「不可能！」

我調整了自己的工作模式，如此一來才能定居墨西哥，我也架設了新的網站，錄製了數百則播客，談論好人症候群的各種問題。

除此之外，我也談了幾段不錯的感情。之後又再犯了些錯、在墨西哥買了房子、又再婚，再當了一次爸爸。我也越來越會講西班牙語了，如果你想知道怎麼辦到的，我只能說，因為我娶了一個不會說英語的老婆。

我還與華納兄弟簽了合約，準備要用本書來做一檔節目。我目前正在寫另外兩本書，也在為自己的職業生涯做轉型，往全職作家以及演說家的方向邁進。呼！終於交代完了，報告完畢！

十五年前的我，根本不會預料到自己今天的成就。十五年來，我最愛的一句話從沒換過：「我很享受早上醒來時的未知，不知道這一天將會如何結束。」我發現，許多人從童年時期制定的人生路線圖就已經走偏了，如果能夠放下，並培養更有幫助的思維模式，全新的旅程將就此展開。

我也持續試著多了解自己、多了解好人。如果要在本書中多加一個章節，我應該會談論「焦慮」對好人們的影響。書中我強調了毒性羞恥感[1]的影響，不過今天看來，面對好人症候群，我們不僅僅是要處理內心的羞恥感，也要處理焦慮。畢竟，學習如何自我安撫與如何排解毒性羞恥感，都相當重要。

我在書中提到：「不要只靠自己就想好起來。」如今我還是堅持這點，而且這個建議永遠不會改變。我們需要值得信賴的人，來幫助我們從好人症候群之中走出來。我們很幸運，今天除了網際網路很方便，還有大量書籍、網站、部落格、論壇、小組、課程、導師等，都能幫助我們執行這項任務。

得知在以上這些資源中，我的書多次被推薦，我備感榮幸與欣慰。我自己剛開始踏上復原之路時，幫助我的是十二步驟[2]團體治療，以及羅伯特．布萊還有麥可．米德等人所帶領的「神話詩式男性運動」。[3]

---

1 編按：原文「toxic shame」，幼年時對周遭情況的錯誤詮釋，而產生的心理狀態，認為自己不好、不會有人喜歡，進而引發一連串錯誤的反應機制。
2 編按：由匿名戒酒會發起的活動，通過一套課程來治療各類成癮等不良習慣的計畫。
3 編按：兩人為美國詩人、作家，作者此處應指受其著作啓發。

或許你才剛拿起這個版本的《毒性羞恥》，正要踏上你的旅程。也或許你早就已經開始參加十二步驟團體治療、心理治療或輔導，然後被推薦了這本書。或許你把初版借給朋友了，又或許是已經用螢光筆畫得花花綠綠，才決定買一本新的。無論是爲了什麼原因，都謝謝你的支持，歡迎加入我的行列，相信我們可以處得很好。

在準備這版印刷的過程中，我重讀了這本書，第一章裏面的一段話吸引了我的注意：「心態健全的意思是能夠接受自己的每一面。一個心態健全的人能夠接受自己的一切，包含自己的能力、自信、勇氣還有熱情，當然也包含了自己的不完美、過錯，還有黑暗面。」

約莫二十年前，我寫完本書之後，更加明白：「從好人症候群中恢復過來，並不是要你變成更好的人，也不是要去擺脫些什麼。」好人們從小就一直在這兩方面努力，然而「恢復」的意思，是要你自己變得更像你自己。

你大可不必爲了被愛、被欣賞、被滿足，或爲了擁有美好人生而成爲更好的自己。你只需要做你自己。實際上，就是因為這些年來，你一直試著變成別的模樣，處心積慮抹滅或隱藏某些事物，才讓自己的人生難關重重。我眞心希望這本書可以幫助你找回自己、接受自己、擁抱自己、愛你自己，當然還有做你自己。

我不曉得接下來的十五年，自己的人生會變得如何，但我很享受這種感覺。或許我會再爲另一個版本的《毒性羞恥》寫序，也希望到時候，我能有更多改變、發現，還有經歷可以分享。

更重要的是，我希望這本書能爲你開一扇門，讓你一生都有新的發現與冒險，也能幫助你做回自己。

勇敢冒險，做你自己。

羅伯特・格洛弗
二〇一七年七月
於墨西哥巴雅爾塔港

前言

我是好人，但我不快樂

近五十年來社會變遷劇烈，傳統家庭也有很大的改變，因而造就了一群習慣尋求他人認同的男性。這些好人也被稱為「好好先生」。

他們在意自己是否表現得好，以及有沒有把事情做好。對他們而言最快樂的事，就是讓別人開心。他們害怕衝突，避之唯恐不及。他們會不遺餘力的避免讓人不開心。

通常好人們都相當慷慨，性情也溫順。他們尤其在意要如何取悅女性，以及如何表現得跟別的男人不同。簡而言之，好人相信，只要人好、樂於付出與關懷，就會因此得到快樂，也會因此而被愛，並且感到滿足。

是不是覺得聽起來好到很不眞實？的確不眞實。

身為心理治療師，在過去好幾年的執業過程中，我遇見了無數個內心失落又憤怒的好人。這些人都掙扎著想要擁有他們夢寐以求的幸福快樂，他們認為自己值得擁有，奈何一切掙扎都是徒勞無功。

會有這樣的挫折，是因為好人們都有一個迷思；這個迷思也是「好人症候群」的本質。苦於好人症候群的人，通常有這種信念：他們相信只要自己夠「好」，就能被愛、需求就能被滿足、生活就能順遂。然而，這種策略往往不會奏效，當然結果也不會如意。

這時，他們也只會更努力表現得好。一而再再而三的嘗試同樣的策略，最後搞得自己內心深感無力又忿忿不平。說白了，好人其實也沒有多好。

我之所以開始探索好人症候群，起源於我自己的挫折感。這種挫折感的原因來自：「我覺得自己已經盡力把事情都做好，卻從沒得到應得的回報。」我過去就是個典型的「新好男人」，甚至還引以為傲。我甚至認為自己大概是全世界最好、最好的男人了，可是我並不快樂。

當我開始探索自己的好人行為模式（強迫關懷他人、付出以求回報、處理問題、維持和諧、避免衝突、尋求認同、隱瞞過錯等）時，我也開始注意到我的心理治療個案中，不少男性跟我有類似的特質。我突然意識到自己不孤單，好人症候群並非無獨有偶，而且它是社會變遷的產物，影響著無數成年男性。

直到今日，仍然很少有專業人士認眞看待好人症候群的問題，也很少有人提出有效且全面的解決方案。尼爾．史考特是一位執業臨床心理工作者，他於一九八五年錄製了一捲錄音帶，標題是「爲何好好先生總是和女性處不好」。他是我目前所發現，最早開始從專業角度談論到好人症候群的專家。其他資料大部分要不是以詼諧的方式呈現，要不就是把好人視爲無助的受害者。

這就是我寫本書的原因。

這本書會告訴好人們，要如何停止尋求認同，以及怎麼做才能得到自己在愛情、性生活以及人生中的追求。本書會提供有效的方法，幫助他們擺脫好人症候群中沒有意義的行爲模式。這些方法都來自我本身康復的經歷，以及二十年來所幫助過的無數位好人。

不諱言，本書的立場站在男性這邊。不過，仍有許多女性支持我寫這本書。讀過這本書的女性經常跟我說：讀了這本書，她們不只能更了解自己身邊的那位好人，也能對自己有一番新的見解。

本書所提供的資訊及做法都有不錯的功效。如果你是一位受了挫折的好人，那麼恭喜你，書中接下來所提出的原則將幫助你改變人生。這本書可以幫你：

- 用有效方法來滿足自己的需求。
- 開始覺得更有能力與自信。

- 培養起自己真正想要的親密關係。
- 學會表達感受與情緒。
- 性生活美滿。
- 欣然接受自己的男性氣質，並與其他男性建立有意義的社交關係。
- 發揮潛能，變成真正富有創意與生產力的人。
- 接納自己原本的面貌。

如果上述這些對你來說很有吸引力，那麼恭喜你，你已經踏上擺脫好人症候群的旅程，是時候停止尋求他人認同了！現在開始，跟我一起學習怎麼得到你想要的愛情、關係與人生。

第一章

好人症候群

「我是好人，好到不能再好的那種。」

三十多歲的傑森是一位脊椎治療師，第一次來做個人諮商時，先對我描述了他的狀況。他說他的太太很「完美」，唯一美中不足的就是兩人的性生活。他與太太希瑟已經好幾個月沒有做愛了，而且短期內似乎不會有所改變。

傑森毫不隱諱地跟我談論他的婚姻、家庭以及性生活。他很親切，看起來也眞的很需要這個機會來說說自己的故事、聊聊人生。

傑森最想要的就是被人喜歡。他覺得自己慷慨大方、樂於奉獻；他很得意自己情緒沒什麼起伏，也從不發脾氣；喜歡討人歡心且討厭與人爭吵。**為了避免與妻子吵架，他往往壓抑自己的感覺，每件事都想做到最好。**

說到這裏，傑森從口袋拿出一張摺起的紙條，一邊攤開一邊跟我說他怕忘記，所以寫下了一些事情。

「我怎麼做都不對。」傑森看著他的紙條，說著：「不管我怎麼做，希瑟都要挑我毛病，我不想要她這樣對我。我很努力做一個好丈夫、好爸爸，但她從來都不滿意。」

傑森盯著他的紙條，停了下來。

「今天早上也是這樣……」傑森繼續說道：「希瑟要去上班時，我把我們的小寶寶叫醒，餵她吃早餐、幫她洗澡，打理好之後，我也準備開始打理自己，結果這時希瑟走了進來，並且擺著一張臉。我知道自己這下又有得受了。」

「你給她穿那什麼啊？沒別的可以穿了嗎？」傑森模仿妻子的語調說話。「我眞的不曉得她想要給女兒穿哪件衣服。我整個早上做牛做馬，她還是不滿意。」

傑森繼續說：「還有一次我好好把廚房清理了一番，將碗盤放進洗碗機、鍋碗瓢盆都洗了一遍，還把地掃好了，我以爲希瑟會很開心地謝謝我幫了個大忙，結果呢？我還沒清理好她就走進來問我：『你怎麼不把流理臺也擦一擦？』拜託！我只是還沒擦而已！她不去看我已經做好的那些事，也不感激我，只會一直盯著我還沒做的。」

「性的方面也讓人很灰心。」傑森說：「因爲我們都是基督徒的關係，婚前只稍稍『那個』過幾次。性愛對我來說非常重要，可是希瑟就不怎麼熱中。我以爲結婚以後就不一樣了。我爲她付出這麼多，還以爲這樣她就會給我了，結果才不是這麼一回事。我眞的很需要性愛啊！」

「我比別的男人做得更多，可是付出跟回報根本就不成正比。」傑森現在的樣子，就像個小孩子一樣，他在沙發上哀歎：「我想要的只是有人愛我、欣賞我，就只是這樣而已！這樣的要求過分了嗎？」

好好先生大集合

常常有像傑森這樣的男士來到我的辦公室。他們外表各不相同，卻有著同樣的世界觀。讓我們繼續看下去。

歐馬爾

歐馬爾生活的重心就是取悅女友。即便如此，他的女友仍舊抱怨他不曾給過情感上的支持。其實歐馬爾每一任女友都抱怨過同樣的事，然而從歐馬爾的角度看來，他覺得自己總是在付出，所以他無法理解這些指控。歐馬爾說，他覺得最快樂的事就是讓別人開心；他甚至會隨時接聽朋友來電，他們有任何需求都能聯絡到他。

陶德

陶德相當自豪自己總是對女性很誠實，也很尊重她們。他相信這是他與眾不同之處，理當能夠受到女性愛戴。他身邊不乏女性友人，卻沒有一個人想與他交往。陶德身旁許多女性都說他很懂得聆聽別人的感受，所以經常打電話跟他訴苦。他覺得有人需要他，是一件很快樂的事。

這些女性朋友總對他說，對某些女性而言，陶德會是個很好的「對象」，能跟他在一起很幸運。然而陶德不明白，他對這些女性這麼好，爲什麼她們還是比較喜歡壞男人，不會喜歡像他這樣的好人？

比爾

只要有任何需求，大家馬上就會想到比爾，因爲**他有求必應，人生沒有「拒絕」二字**。他會去教會幫女士們修車，去他兒子的少棒隊當教練，朋友們要搬家也會找他幫忙，他甚至每天傍晚下班後還會去照顧母親，畢竟他父親已經不在了。比爾很樂於付出，但他似乎也從未得到相等的回報。

蓋瑞

蓋瑞的太太動不動就大動肝火，用言語羞辱他、貶低他。蓋瑞因爲害怕衝突，也不想惹事，所以會盡量避開可能讓太太生氣的話題。每次吵架他都是先道歉的那個人，他的記憶裏不曾聽過他的太太說過任何一句抱歉。雖然兩人常有爭執，但蓋瑞還是愛著他的太太，**願意做任何事來取悅她**。

瑞克

瑞克是位四十出頭歲的同性戀者，他穩定交往的男友傑伊有酗酒問題。瑞克前來諮商是為了幫助傑伊解決這個麻煩。瑞克抱怨說，總感覺兩人的關係都只靠自己在維繫，希望能幫助傑伊脫離醉生夢死的狀態，這樣兩人才能擁有他渴望的那種感情連結。

萊爾

萊爾是個虔誠的基督徒，他努力行善、做好每件事。他擔任主日學老師，也是教會的長老，然而，他從青春期開始就沉迷於色情作品，還有手淫成癮的問題，經常一天要三到四次，每天也都花上好幾個小時瀏覽色情網站。他很害怕萬一被發現自己性成癮，會身敗名裂。他不斷禱告、鑽研《聖經》，希望能克制自己的欲望，但顯然都沒什麼作用。

荷西

荷西是一名年近四十的企業顧問，跟女友在一起五年了，他覺得這個女人總是對他予取予求，而且依賴心很強。其實早在女友搬進來一起住的第一天，荷西就想著要分手了，可是卻覺得假如沒了他，女友根本無法獨自生活。

兩人經歷多次分手，奈何每次女友都會情緒大崩潰，所以最後荷西還是會回到她的身邊。**荷西醒著的時間都在思考怎麼分手才不會傷到女友，怎麼做才不會表現得像個渣男。**

他們是誰？

這些人雖然都是獨一無二的個體，但人生卻都上演著差不多的劇情，他們都相信只要人好、把事情都做好，就能被愛、需求就能被滿足，生活也會因此沒有煩惱。

對他們而言，當個好人往往意味著要消除或隱瞞某部分的自己（自己的錯誤、需求、情緒），並且變成自己的認知當中，他人所期待的樣子（慷慨、樂於助人、愛好和平等）。

我把這些男士稱爲「好人」。我們至今仍不會特別注意到好人的存在，但他們其實無所不在。他們讓妻子主持大局；他們願意爲任何人做任何事，可是自己的人生卻就像一團災難。

他們會讓妻子或女友心灰意冷，因爲他們總是害怕衝突而沒能解決任何問題；

他們擅長說別人想聽的話，取悅各種不同的人；他們不喜歡惹麻煩，所以願意讓人占便宜。

他們相當可靠，也從來不會拒絕別人的請求，這點在教會或是俱樂部中眾所皆知。他們就算吃了點虧，也不會有第二句話。

他們的人生看似順遂，但總有一天會失控，一切終將亂了套。

好人們的特徵

每位好人都有一些相似的特徵，這些特徵源自於童年時期發生的一些事情，往往會左右他們之後的人生。或許會在大部分男士身上看到一、兩項下列特質，而好人則是會有好多項都符合。

總是樂於付出：他們常說自己很喜歡付出的感覺，並且相信慷慨可以證明自己的「好」，也能讓人喜歡、受人欣賞。

喜歡解決問題也總在幫助他人：別人有困難、有需求，或是生氣、壓抑或難過時，好人往往會想辦法解決這些困擾（通常沒人要他們這麼做）。

渴望他人的認同：他們普遍會不斷尋求他人認同。他們做的每件事、說的每句話，某種程度都是希望能博得認同。他們不想要聽到反對的聲音，在男女關係中更是如此。

避免衝突：好人希望周遭的一切平靜安寧，因此他們不會惹是生非，也不想讓任何人不開心。

相信必須隱藏自己眼中的缺點和過錯：這些人不希望暴露自己的缺點，也不願被發現犯了錯，因爲他們害怕別人會因此惱怒、羞辱他們，甚至離自己而去。

追求把事情做「好」的方法：他們相信，如果想過上幸福快樂、無憂無慮的日子，那就要想辦法把事情都做到好，這樣才不會出任何差錯。

壓抑自己的感受：他們傾向分析多過於感受，他們或許覺得用心感受很浪費時間和精力，因此經常努力讓自己的心緒不要有太多波動。

想成為與自己的父親不一樣的人：許多好人的父親，不是因爲太過忙碌而經常不在孩子身邊，就是個性消極又易怒，或者花心、愛喝酒；因此這些男士往往會在人生的某個階段下定決心，要成爲與父親截然不同的人。

通常跟女性比較能產生共鳴：因爲童年的關係，好人大多沒什麼男性朋友。他們渴望女性的認同，也認爲自己與其他男性不同。他們相信自己並不自私、脾氣溫和，也不會口出惡言。自私自利與壞脾氣，都是「其他」男性的特質，與他們無關。

沒辦法把自己的需求擺第一位：他們覺得這麼做很自私，而且相信優先照顧別人的需求是一種美德。

情緒總隨著伴侶的喜怒波動：許多好人都說，伴侶快樂，他們才快樂，因此他們在親密關係中總要投入莫大的心力。

當個好人，哪裡不好？

人們或許總下意識地覺得好人症候群不會有什麼問題，畢竟一個人只要「人很好」，就什麼都好了，不是嗎？我們甚至會覺得電視喜劇或漫畫裏，像馬溫．米克托斯特（美國經典漫畫中一個溫吞軟弱的人物）那樣的角色很好笑。

在我們的文化裏，大家都覺得男性本來就能被開玩笑，所以像這種諷刺漫畫中的軟弱角色，只會讓大家覺得好玩，沒什麼人會爲他擔心。

好人往往無法理解自己的想法及行爲會有什麼影響，也不懂得事情的嚴重性。我接觸過的個案幾乎沒有例外，他們一開始都會問我：「當個好人有什麼不好的？」當你拿起這本書，看著內容覺得疑惑時，我想或許你也在思考同樣的問題。

爲這些人貼上「好人」的標籤，並不是指他們做了什麼，而是和他們對自己，以及周圍種種事物的想法與信念有關。這些人都被灌輸了這樣的信念：「只要人夠好，就能被愛，需求就能被滿足，人生也得以順遂。」

好人一詞其實也用得不太對，因爲好人根本也沒那麼好，以下列舉一些他們不好的特質：

不誠實：他們要隱瞞自己犯的錯以避免衝突，他們會說別人想聽的話，並壓抑自己的感受，所以好人基本上就是不誠實。

藏有祕密：他們渴望受到認可，因此任何可能會讓別人不開心的事物都會被隱藏起來。好人的座右銘就是：「就算沒能把事情做好，也不能被抓到把柄。」

有自己一套辯解的謬論：他們很擅長在內心把生活中的各種矛盾分門別類，讓這些相互牴觸的思維共存。他們可以對「忠誠」有自己的定義與標準，因此已婚的好人，可能會藉著聲稱自己並未將性器官插入祕書或實習生的體內，來否認外遇。

操縱他人：他們沒能將自己的需求擺第一位，也不敢大方要求想要的事物，生活充滿了無力感；所以當他們想要些什麼時，往往會用操縱別人的方式來達到目的。

控制狂：對好人而言，安穩的生活是一件非常重要的事，因此他們會一直想要控制周遭的一切。

付出別有目的：雖然他們不吝惜給予，可是往往都有附加條件，只是沒有明講也沒被察覺而已。他們的付出可能是爲了得到別人的讚賞、報答，或是想讓某人消氣等。許多好人表示自己付出很多，卻似乎沒得到什麼回報，因此內心感到失落或不滿。

不會直接表達負面情緒：他們會把失望與不滿包裝起來，用隱晦、迂迴、令人不悅的方式呈現；他們可能會表現得很忙碌、健忘、故意遲到、不把事情做完。在性方面則會有勃起困難、早洩等問題。就算他們答應下次不會再這麼掃興了，還是會不斷重複這些討人厭的行爲。

內心帶有滿腔怒火：雖然他們大多會否認自己動怒過，但他們的狀態就像壓力鍋，裏面烹煮著壓抑了一輩子的挫折與不滿，總有一天，會在最意想不到時間點、最不應該的場合爆炸。

成癮行為：一般來說，成癮行爲的目的是爲了舒緩壓力、改變心情，或治療疼痛。好人太過壓抑，內心積累了太多東西，因此會需要一個出口。對他們而言，最常見的成癮行爲就是性成癮。

不擅長設立界限：他們說不出：「不要！」、「不准！」或「不可以！」他們常常覺得自己是無助的受害者，而把對他提出要求的人視爲問題的根源。

往往會被孤立：雖然他們渴望受人喜愛，可是他們的行爲往往會讓人覺得難以親近。

不由自主的被需要幫助的人事物吸引過去：這樣的傾向源自於童年養成的心態，他們得要表現得乖巧、也總是在尋求認同。這不是什麼好事。因爲這種傾向，我們幾乎可以斷定，好人們此生很多時候都需要在急就章的狀況下處理事情，也總是需要處理危機。

在親密關係中受挫：雖然他們極度重視親密關係，可是親密關係卻也是他們痛苦與掙扎的根源。舉例而言，好人不會好好聽另一半說話，因爲他們總忙著思考怎麼爲自己辯解，以及怎麼幫另一半解決問題。

也因爲害怕衝突，好人通常會不太誠實，而且他們也很少眞正徹頭徹尾的解決問題。很多好人還會跟他們認定的「璞玉」發展關係，可是如果對方沒有變成他們期待的樣子，他們就會責怪對方阻礙了自己的幸福。

性生活有問題：他們大多都會否認這點，可是我遇過的所有好人，要不就是對性生活不滿意（有性功能障礙，像是陽痿、硬度不足、早洩）；要不就是會用不正當的方式發洩（包括外遇、買春、觀看色情片、過度手淫）。

通常很難大有作為：我接觸過的好人大多都很有才華也很聰明，通常也小有一番作爲；可是，他們沒辦法充分發揮潛力，終究成不了大器，幾乎無一倖免。

「好」男人，不應該是這個樣子

好人很聽話，會取悅他人又大方慷慨，很多人常常天眞地以爲好的男人就應該是這個樣子。很多女性起初似乎都會覺得好人是不錯的交往對象，她們覺得這些人有別於每一位與自己相處過的男性。

殊不知，好人會漸漸表露出上面列出的所有缺點，生活以及人際關係都會受到影響。總之，好人就是會在好與不好之間游移。不少好人的太太、伴侶或女友都曾向我抱怨，她們說對方會有一些《化身博士》[1]的雙重人格特徵：

「他可以把我捧在手心，也可以把我重摔在地。我工作忙碌要加班時，他會多做一點事情，接小孩、弄晚飯啦，他都願意。可是有時他又會突然對我大發脾氣，怪我都不跟他做愛。」

「所有人都覺得他很棒，覺得我很幸運能跟他在一起，可是這些人根本不知道他有多過分。他老是幫別人修車、修這個、修那個的，而我只是叫他幫我個忙，他就會說我很難伺候，說我跟他老媽一樣愛嘮叨又愛控制。」

「雖然他一直想取悅我，願意為我做任何事情，不過就是沒那麼真心。他會陪我去逛街買東西，但我知道他其實不想跟我去。就算去了他也只會從頭到尾一直生悶氣，我覺得很不舒服，有時候很希望他可以直接跟我說他不想就好了。」

「他有心事都不會跟我說，就這樣放在心裏一直累積，他不跟我講我怎麼會知道他覺得很煩！每次都莫名其妙爆發，然後我們就會大吵一架。明明只要跟我說他現在有心事不就好了！事情不就簡單多了嗎？」

「每次跟他聊我的困擾，他都會試著解決。他覺得只要照他的方法，我的問題就能迎刃而解。他老是說我沉浸在負面情緒裏，他怎麼做我也不會快樂。可是我只是想要他好好聽我說話而已。」

「我以前的男友都很差勁，遇到他，我以爲終於找到一個可以信任的人了。結果結婚五年後，我發現他其實沉迷色情片還有脫衣舞秀。我整個覺得晴天霹靂，萬萬想不到他竟然會這樣。」

1 編按：故事講述了書中人物因喝下藥水而出現截然不同的性格，後來其書名「Jekyll and Hyde」一詞成為心理學「雙重人格」的代名詞。

「我希望有一根魔杖，揮一揮就能保留他所有的好，然後讓他的壞消失殆盡。」

不是叫你去當渣男，而是成為心態健全的男人

吉爾是一名五十多歲的男士，為人相當親切。他參加了「不再當好人」團體治療小組，並透露自己的妻子相當支持他這麼做。然而，他暗自擔心小組名稱可能會讓妻子生氣，因為他覺得「不再當好人」隱含的意思是「開始當壞男人」。吉爾擺脫不了好人思維，他也很疑惑為什麼會有女人支持自己的另一半「變壞」。

好人的思維往往非黑即白，他們覺得男人如果不是好人的話，那就是「渣男」或「混蛋」了。我經常跟他們說，極端的另一端還是極端，所以極端不是我們要的選項。

治療好人症候群的過程，並不是要從一個極端走向另一個極端。擺脫無謂的好人行為模式，並不是要你「變壞」，而是要你「心態健全」。

心態健全的意思是能夠接受自己的每一面。一個心態健全的人能夠接受自己的一切，包含自己的能力、自信、勇氣還有熱情，當然也包含了自己的不完美、過錯，還有黑暗面。這完整的一切才能造就一個獨一無二的人。

一個心態健全的男人通常具有下列特質：

- 有強烈的自我意識，喜歡自己的樣子。
- 會自己滿足自己的需求。
- 擁抱自己的男性氣質，也滿意自己的性能力。
- 為人正直，做該做的事而非遷就。
- 可以做主，願意為在意的人付出，並保護他們。
- 能夠清楚、直接表達自己的感受。
- 樂意付出並支持他人，但不是為了討好或解決問題。
- 懂得設立界限，也不怕面對衝突。

心態健全的男人不會追求完美，也不會渴望別人的認同。相反，他會接受自己的一切，坦然面對缺點。他們懂得不完美才是完美。

光只是一心努力想要做一個更好的人，並無法從好人蛻變成一個心態健全的人。要擺脫好人症候群，必須要用一個全然不同的角度來看待自己以及這個世界，觀念也要徹底改變。讓我來解釋爲什麼。

這些觀念，通常來自幼年時期

觀念（價值觀）就像人生旅途的路線圖，引領著我們前進的方向。每個人都有自己的版本，也都認爲自己的地圖最新、最準確。

我們通常不會特別注意到自己的觀念，但是它其實很大程度地影響我們的態度跟行爲。它就像一把篩子，被我們用來過濾人生經驗，不符合我們觀念的一切會被篩掉，永遠不會被我們正視。而符合我們觀念的事物，會被我們放大，甚至會因此更堅定地強調自己所相信的事物。

觀念可以幫助我們在人生的旅途中加速前進。可是，要是這張路線圖已經過時，或是不準確，我們就會步上錯誤的方向，甚至會徒勞無功地在原地打轉。

一旦這樣的情況發生，我們往往會更迫切地尋找目的地的方向，越是尋找就越失望。有些人的觀念已經過時了，卻還爲自己的行爲沾沾自喜，完全不覺得有什麼問題。他周圍的人可能就會想著：這個人到底在想什麼？他怎麼會這樣？

我們的觀念大多是在年幼、天眞，還沒什麼行爲能力時形成的，而且形成的原因，往往是因爲對童年的經歷有著錯誤詮釋，也造就了後來的「毒性羞恥感」。由於我們不會主動注意到自己的觀念，因此也幾乎不會去檢視它是否有問題，或需不需要更新。很不幸的，就算自己的觀念存在瑕疵，我們還是會認為它完全沒有問題。

好人的無謂觀念

然而，大部分好人的觀念是這樣的：只要我把缺點藏起來，成為別人期望的樣子，我就能被愛、需求就能獲得滿足，生活也能無憂無慮。

就算這樣的觀念起不了作用，他們能想到的辦法也只有再加把勁。

好人是出了名的「學得慢、忘得快」，特別是他們的觀念受到挑戰時更是如此。**他們傾向死守自己信念**，就算是已被證實沒有用的想法，他們仍舊會堅持到底。這些信念已經深植在他們的腦海，要是有人敢挑戰，你就成了異端。就算好人的所作所為毫無意義，他們仍舊冥頑不靈，很難要他們換條路走。

本章開頭談到了傑森與他的妻子希瑟，以及兩人性生活的難處。傑森就是一個活生生的例子，告訴我們好人那種無謂的觀念，會怎麼帶來挫折與失望。

傑森的父親是個控制狂，還是個完美主義者，對傑森還有他的兄弟姐妹總是有不切實際的要求。他的父親認為只有聽他的話、按照他的方式，才能把事情做好。

而他的母親是個在情感上依賴心很強的女人，生活的重心也都在孩子身上。她在情感中常常予取予求，甚至嚴重到讓孩子感到窒息的程度，可是當孩子需要陪伴或安慰時，她自己則會因爲情緒太過激動而無法給予適切的回應。

爲了應付兒時不愉快的經歷，傑森漸漸有了以下的觀念：

- 只要找到辦法把事情做好，就能獲得父親的認同，也能避免被他批評。
- 只要給予母親關懷，好好傾聽她說的話，就能在自己有需求時，獲得母親的照料。
- 只要不出一點差錯，就能被愛、被認同。
- 只要隱瞞自己的過錯，就能避免別人對他發火。

傑森小時候天眞無邪，也沒什麼主控權，自然無法明白不管他怎麼做，永遠都無法達到父親的要求。同樣，不管再怎麼體貼，也沒辦法從母親身上獲得些什麼。

既然如此，那他又要怎麼理解自己根本不可能把任何事都做到好？又要怎麼理解就算把自己的缺點隱瞞得天衣無縫，也始終會有人對他發火？

傑森自小遵循的路線已經沒辦法帶他抵達想去的終點了，可是他能想到的辦法只有再加把勁，但其實也只是不斷重蹈覆徹。說穿了，他抱持的觀念只能幫助他轉移注意力，讓他不會感到恐懼、不會覺得自己一文不值，也不會覺得自己不夠好。

成年後，傑森把兒時的觀念套用到婚姻中，因爲希瑟就跟他的母親一樣，在情感上有需求時才會聽他說話，同時也跟他的父親一樣，愛批評、控制欲又強。傑森一心想把每件事做好、想表現得體貼、想照顧別人的需求、想隱瞞自己的過錯，不敢犯一絲一毫的差錯。

這些都是他自童年養成的觀念，而今套用到婚姻當中，幻想著這麼做就能獲得希瑟的認同，以爲如此一來，在他想要的時候，希瑟就會願意跟他做愛，也永遠不會對他生氣。

但是他這錯誤的觀念讓他終究無法理解，不管怎麼做，希瑟總還是會有冷漠、苛刻、冷感的時候。他也不會意識到，**搞不好就是因為希瑟會這樣對待自己，他才選擇跟希瑟在一起的**。而且就算從小到大他的觀念都沒什麼幫助，他還是執迷不悟，認爲自己能做的只有再加把勁繼續努力。

試著做些改變

影集《歡樂單身派對》裏我最喜歡的一集就是，有一次喬治決定每件事都要反其道而行，不再死守自己原本的行為模式，希望藉此改變人生。

諷刺的是，他反而因此交到漂亮的女朋友，也得到一份洋基隊的工作。然而完全「反其道而行」，並不是擺脫好人症候群最好的方式，實際上只要試著做些改變即可。

好多年來，我看著無數男士利用本書指導的原則「做些改變」，他們也成功的蛻變，從滿腹委屈、不滿又無助的好人，變成了有自信、有能力又幸福的男人。

就像《歡樂單身派對》裏的喬治一樣，好人們決心做出改變之後，好事就開始接二連三的發生了。我看著這些男人：

- 開始接受自己本來的面目。
- 把犯過的錯視為寶貴教訓。
- 不再尋求他人認同。
- 開始擁有真正的愛情與親密關係。
- 把自己的需求擺第一位。
- 找到有能力並且願意協助他們滿足需求的人。
- 學會明智的付出也不再有附加條件。

- 勇敢面對恐懼。
- 變得正直而誠實。
- 懂得設立界限。
- 與其他男性建立起有意義的社交關係。
- 與女性培養更健康、更令人滿意的關係。
- 學會感受，並且將自己的情緒表達出來。
- 能夠直截了當解決問題。
- 有能力與人發展親密又美滿的性關係。
- 能靜下心來面對複雜多變的生活。

請求幫助：治療師、好友、宗教

好人認爲自己可以解決任何事情，他們不太會去請別人幫忙，而且也會想方設法隱藏自己的不完美以及弱點。要擺脫好人症候群，就必須改變這樣的心態。

要從好人症候群復原，必須依靠自己，也需要他人的支持。因此，想要擺脫此症狀的男士，請務必找一個可以信賴的人提供協助。

我鼓勵好人們可以找治療師、團體治療小組、十二步驟治療小組、宗教領袖或自己的好友協助，開始走上復原之路。我強烈建議找男性來幫忙，因爲好人總是渴望從女性身上獲得認同；我知道對有些好人而言，「可靠的男性」聽起來有多矛盾，但總之我就是非常鼓勵他們這麼做。

好幾年來，我一直在帶領團體治療小組，幫助多位男士擺脫這些情況。我自己也從過程中領悟到許多重要的事；在這之前，我甚至都還不知道什麼叫好人症候群，這都要感謝我參加的十二步驟治療小組以及團體治療。雖說不見得要透過團體治療才能擺脫好人症候群，但團體治療絕對是據我所知最有效的方法。

運用書中的練習，突破自我

如果到目前爲止的內容，讓你聯想到自己，或你所愛的人，那麼請繼續讀下去。本書提供了實際且有效的方法，來協助有需要的人擺脫好人症候群所帶來的負面影響，已有無數男士表明效果不錯，因此對你或你所愛的人而言，應當也會有幫助。

我在書中提出了許多突破自我的練習，用來幫助各位更快擺脫好人症候群。這些練習有助於觀念的轉變。對於擺脫好人症候群而言，是必要的過程。

這些練習不只可以幫助好人理解他們的觀念是怎麼形成的，也能幫助他們培養更加正確、更新穎的觀念。除此之外，還能爲他們指引方向，教導他們如何開始做出改變。

在你決定採用本書所提出的原則之前，請務必注意兩件事：第一，本書所提出的建議都是不錯的想法，值得嘗試，但同時，對好人們而言，認知會受到衝擊，包括怎麼做才會被愛、怎麼讓需求被滿足，還有怎麼讓生活平靜安寧，做法都會跟你想的不一樣。

要擺脫好人症候群，就要徹底改變行爲與觀念，如果半途而廢，只會徒增無謂的痛苦。

第二，擺脫好人症候群勢必會大大影響你的人際關係，所以如果你正處於一段關係之中，建議請求你的伴侶一同閱讀本書。本書所提出的建言，都會強烈影響到你還有跟你親近的人。雖然你的伴侶可能會樂見你做出正向的改變，但他們一開始可能還是會被你嚇到。一起閱讀這本書，有助於適應這個過渡期。

先撇除剛才要你注意的事情不談，如果目前爲止的其他內容，你都覺得有意義而且合理的話，那就請繼續閱讀本書。接下來的幾章會教導你如何擺脫好人症候群，以及如何開始在愛情與人生中，獲得你想要的東西。

放下毒性羞恥

練習1

寫下三個或許可以信賴的人或團體，想想看哪些人可以支持並協助你擺脫好人症候群。

如果心目中沒有人選，那就拿起手機，搜尋諮商師或互助會的電話號碼，並寫下三組姓名與電話，然後在讀完這一個章節之後，撥通寫下的號碼。如果你任職的單位有提供員工協助方案，那麼這也是個不錯的資源，可以善加利用。

如果認識任何接受過心理治療或參加過互助會的人，可以多多向他們請教相關資訊。此外，你也可以上網搜尋相關的「十二步驟團體治療」或「互助會」。

放下毒性羞恥

練習2

一個人不會平白無故就想方設法抹滅、隱藏起某部分的自己，並且試圖表現出不同的面貌。想想看為什麼有些人要這麼做。你有這樣的傾向嗎？你認識的人有這樣的傾向嗎？

第二章

爲什麼變成好人？

做自己並不安全，也不會被他人接受。

上一章最後我提到，一個人不會平白無故就想方設法抹滅、隱藏起某部分的自己，並且試圖表現出不同的面貌；然而，為什麼有些人要這麼做？

我花了好多年的時間，用各種可能的角度來檢視好人症候群，希望能找到答案，看來看去只有一個原因合理，那就是：因為這些男性不管小時候還是長大後，都覺得「做自己」很難被接受，也會沒有安全感。

於是，「當個好人」就成了一種應對機制，來回應這種不安全感，以及不被接受的恐懼。而且，他們之所以會隱藏自己的眞實面貌、戴上面具，是因為深信做自己鐵定是壞事，是危險的事。

本書設定的前提是，所有好人在性格形成的時期，都從家庭還有周遭環境接收到這樣的訊息：做自己並不安全，也不會被他人接受。

那麼，為什麼好人們會接收到這樣的訊息呢？他們的應對機制又為什麼是這個樣子？接下來，讓我簡短為各位說明，家庭還有社會是怎麼影響天眞無邪的小男孩，害他們長大以後，誤以為要「好」才會被愛。

人一生中最容易受到影響的年紀，是從出生到約莫五歲左右。這短短幾年，是孩子個性受環境影響最顯著的時期；他們的價值觀也是在這段時間開始建立。對這個階段的孩子影響最深的，往往是他們的父母、爺爺奶奶、手足等較親近的家人，所以我們必須從這裏出發，探討好人症候群的成因。

怕被遺棄，以自我為中心

關於孩子，有兩件重要的事我們必須了解。首先，孩子來到這世上時什麼都不會，也什麼都不懂，只能靠別人發現他們的需求、並明智的予以滿足。也因爲這樣的依賴，每個孩子最深層的恐懼就是遭到遺棄。對他們而言，被遺棄跟死亡沒什麼兩樣。

再來，孩子都會以自我爲中心，也就是說他們天生就覺得萬物皆繞著自己轉動。因此，**他們會覺得發生在身上的每一件事，都是自己造成的。**

「害怕遭到遺棄」以及「以自我為中心」這兩件事，給了每個孩子莫大的動力。他們只要遇到任何形式被遺棄的感覺，都會覺得是自己造成的。以下狀況可能會讓孩子覺得自己被遺棄了：

- 感到飢餓卻沒人餵食。
- 嚎啕大哭卻沒人哄。
- 孤單卻沒人注意。
- 父母對他生氣。
- 父母疏於照顧。
- 父母對他抱有不切實際的期望。
- 父母利用他來滿足自己的需求。
- 被父母羞辱。
- 被父母打。
- 父母不想要這個孩子。
- 父母離開身邊卻沒有及時回來。

這個世界本來就不完美，所有的家庭也不會完美，所以孩子或多或少都曾經歷過被遺棄的感覺。他們會認爲有這樣的感覺都是自己害的，但這其實是錯誤的理解；話雖如此，他們也沒有其他方法來理解這個世界了。

毒性羞恥感：一切的錯都是因為我

有了這些被遺棄的經驗，再加上他們天眞又自我中心的詮釋，有些孩子自然會覺得做自己是不對的。他們會相信自己一定有什麼問題，才會被生命中重要的人拋棄。他們也沒有能力理解，這些事情不是自己造成的，罪魁禍首其實是那些應當發現他們的需求，並予以滿足的人。

因此，孩子會產生一種心理狀態：「毒性羞恥感」。毒性羞恥感是一種信念，**認為自己本質上就不好、有缺陷、很奇怪，或是覺得自己不會有人喜歡**。毒性羞恥感並不只是覺得自己做了壞事而已，而是打從心底相信自己眞的很差勁。

生存機制

由於這些被遺棄的經歷，以及對這些事件的錯誤詮釋，所有孩子都會發展出一些生存機制，來幫助他們達成三件非常重要的事情：

- 應對身心靈上因為被遺棄所產生的痛苦。
- 防止類似事件重演。
- 向自己與他人隱瞞內在的毒性羞恥感（或是自覺差勁之處）。

孩子們會用許多有創意的方式，試圖達到上述三個目標。然而他們的見解、經驗和資源都有限，因此這些生存機制往往也沒什麼作用，而且有時似乎還不合邏輯。

舉例而言，孤單的孩子可能會故意不聽話或搗蛋，雖然不理想，但這是一種百分之百可以得到父母關注的方式。儘管孩子做這些事其實會帶來痛苦與負面關注，看似不合邏輯，但對他們而言，這樣的後果可能不會像感到孤單或被孤立那麼難受。

孩子們所謂的「好」，就是要變成自己的認知裏別人所期望的那個樣子，而這也不過是一個小男孩在童年時期有過被遺棄的經歷，再加上毒性羞恥感之後所寫下的一種劇本。

問題的根源：家庭

在開始探索自己的好人問題之前，我不知道原來一切的一切都環環相扣。我當時覺得自己出生在一個美滿的家庭，人生也算是順遂。不過，在我開始觀察其他跟自己有類似特質的男性之後，我發現我們都一樣，對自己情緒和行為模式的成因沒有足夠見解。

每當問及好人有關他們童年的事，他們往往跟我說自己的原生家庭「幸福美滿」、「很棒」、「像《天才小麻煩》[1]裏面那樣」或是「典型的美國家庭」。然而，這些人卻學會了隱藏自己的缺點，並努力的變成自以為別人期許的模樣。其實這就表示在他們還小的時候，一定有某個環節出了差錯。

1 編按：一九五〇年代美國電視影集，片中主角成為中產階級、白人家庭的模範偶像。後改編為同名電影。

艾倫、傑森跟荷西，三人的童年經歷都不相同，他們各自用獨一無二的方式，在成年生活中，演出自己的好人劇本。

即便他們之間有所差異，卻都一樣在童年時期養成了一個核心信念，那就是「不可以做自己」。也因爲內在的毒性羞恥感，他們都發展出同樣觀念，像是要尋求他人認同、隱藏自己的缺點。他們三位都堅信，若是想要被愛、想要需求被滿足、想要生活無憂無慮，那麼這樣的策略必不可少。

酗酒的父親與聖母

艾倫是家裏三個手足之中的老大，他們是單親家庭。艾倫很得意自己從沒給母親添過麻煩。他從小在課業和體育方面都表現得很好，他認爲這樣一來就跟弟弟們不一樣了，也覺得母親會爲此感到驕傲。艾倫也是家裏的第一個大學畢業生，他相信這也是自己的特別之處。

艾倫的父親有酗酒問題，在他七歲時拋棄了這個家。艾倫從很小就決心要成爲跟自己父親徹底不同的人。因此，艾倫相當自豪自己很有耐心、樂於奉獻以及情緒穩定。他很努力的不要變得像父親那樣易怒又愛貶低別人，並積極地在教會帶領青年小組。他在青少年時期從不喝酒，也不碰毒品。

艾倫的母親是基本教義派的基督徒，在這樣的信念之下撫養艾倫長大。她時常灌輸艾倫地獄永火的概念，導致艾倫開始覺得自己平凡無奇的想法、衝動和行爲都是一種「罪」。即便他盡力的做一個虔誠的基督徒，卻還是活在恐懼之中，深怕自己萬一犯了錯，就要下地獄受盡痛苦，永世不得離開。

艾倫覺得自己的母親是聖人，她會爲孩子做任何的事。她會傾聽孩子的心聲，而且不會有過多批判。母子兩人時常互相安慰，對彼此訴說父親的一切「壞」事。好幾次，艾倫的母親都跟他說，她想把兒子們養育成跟自己丈夫完全不同的男人。她希望這些孩子長大後願意付出、性情溫和，也能夠尊重女性。長大後，艾倫仍與母親保持緊密聯繫，也盡其所能協助她的生活。

利用孩子滿足需求

第一章介紹到的傑森，覺得自己的原生家庭就像《天才小麻煩》這部戲。雖然傑森覺得自己童年過得很不錯，但實際上，他的父母都在利用他與他的兄弟姐妹來滿足自己的需求。

傑森認爲自己有「完美」的父母。他表示父母很嚴格，也對孩子過度保護。他覺得自己被保護得很好，在性事方面比較懵懂，不過他也承認，可能眞的因爲被保護得太好了才會這樣。

傑森的父親會密切指揮整個家庭運作。他與父親共同經營一間脊椎按摩診所。傑森表示父親時至今日還是想控制他的人生，對他指手畫腳。買什麼房子、開什麼車子、去哪個教會，父親全都要插手。

至於母親，傑森表示她是位「完美又有愛心」的女性，總是與孩子打成一片。由於沒有自己的朋友，她需要孩子的陪伴，也需要利用孩子來肯定自己的價值。

傑森印象中，父母之間似乎沒有什麼感情，他沒辦法想像父母親做愛的畫面，也不知道他們這樣怎麼還有辦法生下三個孩子。雖然父母親陪伴他們三個孩子做了很多事，但在他的記憶裏，他們沒有兩個人一起外出或一起去度假過。

成年後，傑森努力想要達到父母描繪出的完美形象。**他所做的每一件事，都是為了讓自己看起來得體**：他努力當個好丈夫、好爸爸，信仰方面表現得虔誠，工作方面表現得專業。他都這麼努力了，可是只要想起自己的父母，傑森就會覺得自己不夠好。

替人解決麻煩，我才有價值

荷西這位成功的企業顧問，實際上是個害怕親密關係的人。他擁有高學歷，工作雖然高壓，卻也做得有聲有色。他的體能活躍，自行車可以騎個上百英里，也享受爬山，這些都是他平時的消遣。不過他總是壓抑自己的憤怒，並且盡力避免說出任何會讓人不悅的話語；他認爲自己有控制欲，也承認自己執著於他人的「認可」。

荷西深受依賴心很強的女性吸引。**他發現自己似乎對「受害者」很有興趣**，這點他自己也覺得相當奇怪。他和現任的女友會繼續維持關係，是因爲他擔心對方的經濟狀況。深怕分手了，女友會養不活自己。

荷西大方承認自己來自不太正常的家庭。他們家是工人階級，家裏七個孩子他排行老二。十四歲時，他就一肩擔起照顧弟妹的責任。荷西表示自己家裏充斥著紛紛擾擾，他認爲自己的工作就是要保護兄弟姊妹，不要受到影響。

荷西表示自己的父親易怒、愛控制又有虐待傾向。他總愛對兒子發火、貶低他們，對女兒則有性虐待的行爲。母親則患有雙向情緒障礙症（舊稱躁鬱症），她的情緒會有極端的波動，而且常常不按時服藥。

躁期時，她會把房子打掃得一塵不染，說是要招待政商名流；有時甚至會進行有害的性關係。鬱期的時候，她會把窗戶都遮起來，讓家裏變得一團亂。

在荷西十五歲時，他曾破門而入搶下母親手中上膛的手槍，防止她亂來。母親動不動就要自殺，七個孩子在一旁嚇得一動都不敢動。這就是他成長過程中習以爲常的事情。

荷西畢生都努力想讓自己有別於原生家庭的模樣。他的家人把他奉爲完人，有什麼困難都會找他。在家裏，荷西要負責處理家人間的紛擾；身爲企業顧問，他要協助解決生意上的種種問題。在感情中，他也在處理各種糾葛。**荷西的人生需要這些麻煩事，不然，他真的不知道自己要做什麼。**

荷西認爲自己的天賦智慧、職業道德和解決問題的才能是他的「救贖」。他覺得這些東西能幫助他擺脫原生家庭的桎梏，也能讓他有所成就。不然的話，他相信自己終究還是會落得跟父母親還有兄弟姐妹一樣，不會有什麼不同。

變成別人喜歡的樣子

雖然艾倫、傑森與荷西的童年經歷不同，卻都發展出類似的人生故事，他們都遵循這個劇本演出。每個人都用不同的方式內化了一個信念：「做自己是不會被接受的。變成別的樣子，才是生存的法則。」

爲了更全面的分析這個問題，我們來快速複習一下本章稍早所提到的兒童發展原則：

- 孩子出生時，一切需求完全需要仰賴別人來滿足。
- 孩子最深層的恐懼就是被遺棄。
- 孩子都以自我為中心。
- 孩子的需求沒有被及時、充分滿足，就會覺得被遺棄。
- 孩子有了被遺棄的經驗時，都會覺得是自己的錯。
- 這種天真而錯誤的詮釋，會形成毒性羞恥感，讓孩子會深信自己並「不好」。
- 孩子會發展出自己的生存機制，來應對被遺棄的經歷，防止這種經歷重演。同時也是為了對周遭的人（甚至自己）隱瞞「差勁」之處。
- 這些生存機制反應出孩子內在的無力感，以及他們對自己與這個世界的天真看法。

好人症候群三階段

上述原則可以應用到艾倫、傑森、荷西，還有本書所提到的所有好人身上。從一個天真無邪的小男孩變成好人的過程分成三個階段：被遺棄、內化毒性羞恥感，以及建立生存機制。

被遺棄：我不值得被愛

跟所有的好人一樣，艾倫、傑森與荷西都曾有過各種被遺棄的經驗。

艾倫與荷西的父母脾氣差且愛挑惕，他們對孩子傳遞出來的訊息就是：你現在這樣是不對的。

艾倫很崇拜自己的母親，但是當他的父親對他大打出手時，她卻不會制止。而這樣不作爲隱含的意義就是：艾倫不值得被保護。

漸漸地，艾倫開始相信自己必須與父親有所不同，別人才會覺得他是好人，而且母親才會愛他。

艾倫跟傑森都被他們的父母物化與利用。他們的價值在於能夠把事情做「好」，且絕對不能惹任何麻煩。這就說明，他們必須符合父母的期望，才值得被愛。

傑森因爲覺得自己的父母「完美無缺」，所以跟他們相比總是自慚形穢，覺得自己有缺陷，且不如人。

荷西的父母沒什麼責任感可言，未曾給予適當的指導，未曾負起養育的責任，也未曾提供必要的支持。這就說明，對他們而言，荷西沒什麼價值。艾倫與傑森在基本教義派的教會長大，這個教派強調人必須完美，也不可有罪。做不到，就要下地獄受永久的懲罰。荷西相信，唯有與那些荒唐的家人有所不同，自己才會有價值。

艾倫、傑森與荷西這三人都覺得別人的需求比自己的重要，大多數好人也都是如此。這些經歷都代表某種形式的遺棄，向這些小男孩傳達了一個訊息，那就是：你不可以做自己。

毒性羞恥：一定是我哪裡做錯

不論是否曾被虐待、遺棄、忽視、羞辱、利用、殘害、控制或物化，所有的好人都有一個共同的信念：做自己不好、做自己會惹禍上身。

這些對孩子有害的訊息，有時是那些根本不關心孩子的父母散發出的，有時則是那些關心孩子的父母不經意傳遞的。他們自己太過年輕，不知所措或心不在焉，沒辦法給孩子一個好的成長環境。

往往，孩子們會相信這些事和狀況都與自己有關。他們相信是自己哪裏做錯了，才會發生這種事。他們用天眞的邏輯下了這樣的結論：「我一定是有哪裏不好，因爲……」空格可以填入：

- 我哭的時候，沒人理我。
- 媽媽又出現這個表情了。
- 爸爸離開了卻沒有回來。
- 大小事都是媽媽在幫我。
- 爸爸兇我。
- 我不像爸爸、媽媽一樣完美。
- 我沒辦法讓媽媽開心。

這些童年的經驗，也讓小男孩們認爲：「我只有……的時候，才有價值、才值得被愛。」空格可填入：

- 與爸爸不一樣。
- 媽媽需要我。
- 沒犯任何錯。
- 考試考得好。
- 快樂。
- 跟哥哥、弟弟不一樣。
- 不會惹禍。
- 讓爸爸、媽媽開心。

生存機制：我得讓大家都開心

由於這些被遺棄的經歷，以及對這些事件的錯誤詮釋，所有孩子都會發展出一些生存機制，來幫助他們達成三個非常重要的目標：

- 應對身心靈上因為被遺棄所產生的痛苦。
- 防止類似事件重演。
- 向自己與他人隱瞞內在的毒性羞恥感。

對好人們而言，這些生存機制跟這個觀念息息相關：「如果我能藏起缺點，並且變成我覺得別人希望我變成的樣子，我就會被愛、我的需求就能被滿足、生活就不會有煩惱。」

就是這個童年時期形成的價值觀，在操控好人們成年後的所作所爲。雖然這種觀念是因爲對小時候發生的事有錯誤解讀，但他們也沒有別張路線圖可以遵循。好人相信自己手中的地圖相當準確，只要好好跟著走，終究能夠抵達想去的地方，也就是能過上平順而快樂的日子。

這樣的做法明明沒什麼用，可是好人們往往只會更努力嘗試；一樣的方法試了又試，妄想能有不一樣的結局。

自覺糟糕、自覺良好，都源自錯誤認知

爲了應對被遺棄的經歷，以及內在毒性羞恥感而發展出的生存機制，好人會發展出兩種類型。第一種就是誇大自己的毒性羞恥感，覺得自己是全世界最差勁的人。我稱之爲「自覺糟糕」型好人。

自覺糟糕型的好人，深信自己有多糟糕別人都看得到。他們能夠很具體的說出自己有多差勁，例如，他們能夠舉出自己從小到大有過哪些不良的行爲，藉此來證明對自己的看法。

可能是小時候曾經因爲打破窗戶而被鞭打，或是十幾歲時曾犯了法而讓母親哭泣，又或是長大後過著抽菸、吸毒又酗酒的日子。他們深信，**如果想獲得任何一絲幸福，唯一的希望就是盡力掩飾自己有多差勁**。他們其實覺得不會有人買單，自己是騙不過別人的，偏偏也沒別的辦法了，只好繼續掩飾下去。

第二種類型，我把他們稱爲「**自覺良好**」型的好人。這類型的好人，核心的信念一樣是覺得自己沒有價值，可是他們會壓抑這個想法，以應對自己內在的毒性羞恥感。

他們寧願相信自己是世上最好的人。即使意識到自己有任何缺陷，他們也會認爲這些缺點沒什麼，很容易就能改正。他們小時候都不會惹任何麻煩，青少年時期也都會把事情做好，成年後更是一絲不苟地遵守任何規則。

這一類好人把自己的毒性羞恥感，塞進內心深處一個狹小、密不透風的隔間裏。**他們的想法就是只要好事做得夠多，自己就是好人了，也藉此掩飾自己的毒性羞恥感**。

雖然這兩種好人對於自身毒性羞恥感的認知可能有所不同，但他們的人生觀念卻沒什麼差異。其實所有的好人都認爲，自己本來的面目是不爲人接受的，因此他們必須藏起自己的缺點，並且努力成爲自己的認知裏，別人所期待的樣子。

我會做這樣的區分，是想幫助兩者看清自己扭曲的心態。這兩個類型的好人其實都沒有自己想的那麼糟，也沒有自己想的那麼好。他們都是受傷的靈魂，都是因爲對小時候發生的事有著錯誤見解，才變成今天這個樣子。

練習3 放下毒性羞恥

有很多原因都可能導致幼小的男孩開始設法藏起自己認為的缺點，並尋求他人認同，我沒辦法把所有的原因都列出來。我認為好人不一定要把每段缺乏安全感的經歷，或不舒服的過往都挖掘出來。不過，一定程度地了解自己今天為什麼會變成好人，能有助於做出改變。

再讀一讀艾倫、傑森還有荷西的故事。想一想這些故事跟你自己的童年經歷有幾分相似。你的家人或許曾經表達出一些訊息，讓你覺得不能做自己，讓你覺得你現在的樣子別人不會滿意。拿出一張紙或是你的日記，把這些訊息寫下來。

接著，找一個信賴的人，聊聊你寫下來的內容。過程中，多留意自己的感受。你是覺得難過嗎？憤怒嗎？孤獨嗎？還是麻木？把你的感受也說給他聽。

這個練習的目的是要你說出來，而不是要你去責怪。責怪只會讓你更深陷其中，無法向前邁進。把這些兒時經歷表達出來，能讓你用更正確的思維來看待這些過往，也能幫助你跳脫好人的窠臼。

孕育好人的「戰後嬰兒潮」

每個孩子或多或少都曾遭受過各種形式的遺棄，孩子對這些經驗的詮釋以及反應也都不盡相同，所以說，變成好人，只是眾多可能當中的一種。這些年來，我幫助過許多好人，而先前提到的種種兒時經歷，可能還不足以解釋他們的所有狀況。

好人一直都存在。這世上總是有人活得像先前提到的馬溫，或是電影《白日夢冒險王》裏的主角華特．米提那樣。

我相信媽寶還有怕老婆的丈夫從來沒少過。我相信許多小男孩是生來就性情溫和、慷慨大方，長大後依舊是如此。但是多年來，在幫助過無數位男士之後，我發現五十多年以來獨特的社會變遷，造就了數不盡的好人，數量之大，前所未見。

為了更深入了解當今好人症候群的狀況，我們必須考慮到一系列重大的社會變化，這些變化始於二十世紀初，並於二戰後加速發展。這些社會變化包含：

- 從農業經濟轉型為工業經濟。
- 人口從鄉下往都市遷移。
- 父親在外工作。
- 離婚率上升，單親家庭數量增加，越來越多家庭由女性作主。
- 教育體制由女性主導。
- 婦女解放與女權主義。
- 越戰。
- 性解放。

以上種種事件加在一起，無疑深深影響了成長在這個時代的男孩。這些社會變遷帶來了三個主要的影響，導致好人症候群在戰後嬰兒潮那一代人當中特別普遍。

男孩與自己的父親或男性榜樣不在一起。因此，**與其他男性之間的互動普遍減少，甚至也開始無法確定身為男性的意義是什麼**。

男孩被留給婦女撫養。在家裏，母親要負責把男孩養育成男人；在學校，教師又多為女性，結果自然而然地，男性開始習慣讓女性來定義自己，也變得相當依賴女性的認同。

激進的女權主義，往往意味著男性就是壞，或是男性的存在是多餘的。這樣的訊息會讓許多男性更加相信，如果想要被愛、想讓自己的需求得到滿足，那他們就必須變成自己的認知中，女性希望他們變成的樣子。對很多男性而言，這也就意味著必須隱瞞起可能會讓人覺得「壞」的特質。

淺談二十世紀史

以下是二十世紀下半葉一些歷史的簡述，我們來看看這些社會變化，是如何在現今文化中創造了一大群好人。

父親不在身邊

戰後，我們的社會轉向工業社會，人們也開始湧入都市工作，導致許多父親紛紛離開他們的孩子。美國的人口普查顯示，一九一〇年，全國有三分之一的家戶住在農村。然而在一九四〇年時，只剩五分之一的家戶住在農村了。到了一九七〇年，已經有百分之九十六的家戶居住在都會區。

在農業社會中，男孩與父親的聯繫，就是在農地裏跟在父親身旁工作。除了父親以外，通常也有家族裏的其他男性，包括祖父、叔伯、堂兄弟等。這種日常的相處，讓男孩能夠從親人身上看見男性的典範。

兒子跟著父親學習怎麼當個男子漢，就如同父親過去也是看著祖父，學習怎麼當個男人。然而，二戰後許多家庭移入都會區，父子間的互動隨之大幅減少。父親早起出門工作，**多數的男孩連去看看自己的父親在做些什麼的機會沒有，怎還能奢求父子間能有多少互動？**

父親這個角色也在其他方面變得越來越疏遠。許多男性沉迷工作、電視、酒精以及性愛，這讓他們與兒子之間的相處越來越少。離婚率的上升，也開始讓越來越多的男孩與他們的父親分隔兩地。

數據顯示一九四〇年到一九七〇年間，離婚率成長了兩倍。一九四〇年，大約只有五百多萬戶家庭由女性擔任戶長。在一九七〇年時，變成一千三百萬戶，成長了接近兩倍。

整體而言，我接觸過的好人，童年時期與父親的關係都不算親密。有時是因爲父親忙著工作、有時是因爲父親本身就比較沈默寡言或是比較被動。好人往往會用負面字眼來描述他們的父親，像是：控制欲強、暴躁、易怒、會虐待人、老是不在、老是很忙、有成癮問題或是花心等。所以很多好人會在年幼的某個時間點，下定決心要成爲跟父親不一樣的人。

這個時代的父親常常不在身邊，因此母親也要擔起父親的角色。她們要負責把兒子教育成男人。可惜即使是立意良好的母親，也沒能靠自己就把兒子養育成男子漢；就算如此，大多數母親也沒有要放棄的意思。

我認爲四〇、五〇、六〇年代之所以會「盛產」好人，是受到母兼父職教育兒子成爲男人的影響。所以才會有許多好人用女性觀點來看待男子氣概這件事，而且他們也很習慣將自己的男性氣質交由女性來定義。

女性主導的教育體系

當今的教育體系，也形成了由女性教育男孩的情況。自二戰以來，男孩進入了由女性主導的學校，對大多數男孩而言，**學齡的前幾年，都在學習著怎麼取悅女性**，這些都是基本訓練。我從幼稚園到六年級，只遇過一位男老師，其他六位老師都是女性。這也是美國的常態。

在美國，只有百分之二十五的教師是男性。小學階段，男老師甚至只占百分之十五，而且這個數字還在穩定下滑。不管是托兒所、幼稚園還是小學，戰後的小男孩，身旁圍繞著的幾乎都是女性。

這個歷程缺乏成年男性的引導，如果某個男孩本來就與父親沒什麼機會相處，還要被訓練來取悅女性，那麼這個教育體系，只會讓情況越發嚴重。

越戰

一九六〇年代的越戰，加深了戰後嬰兒潮那一代與他們父親之間的疏離感。年輕人上街抗議、反戰，而他們的父親則是繼續在戰場上延續戰爭，這無疑也在兩代人之間劃下了一道鴻溝。

二戰老兵那代人，無法理解自己兒子口口聲聲的責任到底是怎麼回事，也無法理解反抗社會有什麼好自豪的。於是這一代的年輕人，就成了他們父親那一代的對立面，也成了當權的對立面，他們反對政府用槍砲和炸彈來解決國內外的問題。反戰運動造就了一群新的男性，他們重視愛與和平，也認為必須避免衝突。

激進的婦女解放

同一時期，許多婦女開始外出工作，避孕措施也讓她們有了新的自由，婦女解放正處於起步階段。戰後，有些母親已能預見未來在性別角色上會有的變化，所以她們努力幫助兒女為未來的改變做好準備。

很多女孩被養育成不需要依賴男人的女性。男孩則被養育成與他們的父親截然不同的男性，他們被教育得愛好和平、樂於付出與關懷，而且會重視女性的需求。

六〇、七〇年代的激進女權主義，提出許多針對男性、以偏概全的偏激言論。有些女權主義者主張男人是世上所有問題的根源，有些則主張男人就是麻煩，根本沒有必要存在。

我認爲這個時代大部分的女性應該不是這麼看待男性的，然而她們卻是沈默的大多數，人口占少數的激進女權主義者聲音太過龐大，形成一個社會氛圍，讓許多男性覺得做自己是不對的。

這時期也很常聽到一些針對男性的謾罵，像是：「男人都是豬」「男人都是強姦犯」等。比較沒那麼激進的女權主義者也會做出這樣的比喻：「男人之於女人，就像腳踏車之於魚一樣，沒什麼幫助。」

許多男性早已習慣讓女性定義自己，並尋求女性認同。這些男性就更容易被這樣的言論影響，他們也因此更加想要搞清楚女性到底想要些什麼，並盡力滿足她們，爲的只是能被喜愛，也希望自己的需求能得到滿足。

軟男與小白臉

美國作家布萊所著的《鐵約翰》就有提及戰後嬰兒潮世代的社會變遷，是如何爲美國造就一群跟以往不同的男性，布萊把這些男性稱爲「軟男」。

他寫道：「這些男生很可愛，很珍貴，我還蠻欣賞的。他們無意傷害這片土地，也對戰爭沒有興趣。他們整個人都散發著溫柔的氣息，人生態度還有生活風格也都是如此。可是他們當中，有許多人並不快樂，而且一眼就能看出他們沒什麼幹勁。

「雖然他們會保護生命，自己卻看起來沒什麼生命力。諷刺的是，常常可以看到這樣的男生跟堅強的女性在一起，特別是散發滿滿活力的女性。這些年輕的男性經過調教，比他們父親那輩更適合生存在新的時代，他們能夠認同整個宇宙的和諧，懂得其重要性，但自己卻沒什麼活力可言。」

女權主義學者卡米拉．帕格里亞則用不同的角度，討論了過去五十年的社會變遷，是如何改變兩性的性別角色：「奮發向上的女性回到家就要轉換角色。她們必須變得收斂，否則會傷害到家裏的一切。許多中產階級的白人女性就沒有這種困擾，因爲她們會給自己找個乖巧、好操控的小白臉，某種程度把他們變成了母系家庭中的另一個兒子。」[2]

這些人被稱爲「軟男」、「新好男人」或是「好好先生」，他們從小就從原生家庭裏接收到「不應該做自己」的訊息。二戰後的種種社會事件加總，無疑是再一次告訴這些小男孩們不可以做自己。

我近幾年的觀察發現，上述狀況並沒有隨著戰後嬰兒潮那一個世代慢慢消逝。越來越多二十幾，甚至十幾歲的年輕人，也表現出所有好人症候群的特徵。他們也受到上述社會變遷影響，在單親家庭長大的狀況更甚以往，甚至許多人的父親自己就是好好先生。我在寫這本書時，預估好人差不多開始進入第三代了。

---

2 作者按：Salon 新聞網第四十九期，〈政治不正確的欲望〉。

放棄無謂的習慣

以上提及的許多家庭狀況與社會狀況，都深深影響了好人們，讓他們不管在愛情或是人生當中，都難以獲得自己想要的事物。因為他們的羞恥感與無謂的生存機制在作祟，導致他們遵循的路線圖，沒辦法帶著他們抵達目的地。

很失望、很無奈，但他們也不會試著走別條路。根深蒂固的觀念讓他們一直不斷嘗試一樣的方法，就算徒勞無功，也會認爲只是自己努力不夠。

我常常跟好人們說：「如果你一直做已經做過的事，你就只會得到已經擁有的結果。」以下再重述一次，好人的這些習慣，正是他們人生的一大阻礙，讓他們無法獲得自己渴望的愛與人生：

- 尋求他人認同。
- 隱瞞自己的缺點與錯誤。
- 把他人的需求擺第一位。
- 犧牲個人權力，扮演受害者角色。
- 與其他男性脫節，也把自己的男性氣質拋在一邊。

- 與伴侶共創不盡人意的關係。
- 自己讓自己沒辦法好好享受性愛。
- 不好好發揮潛力。

接下來的七個章節，將會提到一項經驗證過的計畫，當中包含了一些相當有效的做法可供各位好人參考，幫助你們嘗試新的事物。繼續閱讀下去，開始往理想的愛情與人生邁進吧！

第三章

你不是眞的想當好人，只是……

「我是一隻變色龍。只要我覺得別人希望我怎麼做，我就怎麼做。這麼做就是想讓人喜歡。」

陶德是位三十歲的好人，他向我說道：「我是一隻變色龍。只要我覺得別人希望我怎麼做，我就怎麼做。這麼做就是想讓人喜歡。跟聰明的朋友在一起時，我就裝得很聰明，說起話來咬文嚼字。在我母親身旁，我表現得就像個無可挑剔的孝子。跟父親在一起，我就跟他聊運動賽事。跟工作上的夥伴在一起時，我就跟著他們一起罵人、罵髒話之類的，反正只要能看起來很酷就可以了。

「我都快不知道自己到底是誰了，或者說，**我不知道如果我就是我，他們還會不會喜歡我**。如果沒弄清楚別人希望我變成什麼樣子，我怕他們就不會喜歡我，我怕我就會落得孤單一人。可是你知道嗎，說來有點可笑，不管我怎麼做，大多時候我還是感到孤獨。」

好人們的所作所爲，總是有意無意地想要獲得他人認可，他們害怕別人不喜歡自己。幾乎在所有人際關係或社交情境中，他們都需要尋求這種外在認同，甚至對陌生人或討厭的人也是如此。

由於內在毒性羞恥感的緣故，好人認爲自己必須要迎合他人，變成他人所期許的樣子。陶德就是一個很好的例子。

好人總在尋求他人的認同，但是他們的做法往往與期望的結果背道而馳。**想方設法地討好所有人，結果就是連一個人都討好不了，甚至連自己也不會快樂。**

靠外在價值尋求認同

好人都覺得自己不夠好，所以要用許多方法來說服自己、說服他人，證明自己其實值得被愛，也很有價值。他們可能會著重在自身的某些方面（外表、才華、智力）、某些行爲（爲人和善、舞跳得好、努力工作），甚至是周遭的人事物（美麗的妻子、可愛的孩子、令人稱羨的車子），目的就是爲了要讓自己有價值，並贏得別人認同。

這種尋求價值的機制，我把它稱爲「**價值依附**」。**好人把自我認同與自我價值依附在這些人事物之上**，藉此說服自己以及他人，自己是有價值的存在。沒了這些依附，好人就不知道自己還有什麼能讓人喜愛的地方。

對這些人而言，當個好人就是價值依附的最終手段。他們眞心相信，只要一心一意當個好人，並把事情都做好，自己就會有價值；如此一來，也能彌平內心認爲自己很差勁的想法。

因爲毒性羞恥感在作祟的關係，好人們無法明白，就算是表現出自己的本來面目，別人多半還是會喜歡他們，甚至是愛他們。他們深信自己很差勁（自覺良好型的好人，沒意識到自己有這樣的想法，但這樣的觀念確實存在他們內心深處），所以他們認爲，如果有人眞的了解了他們，一定就會發現他們有多差勁。

也因此對好人而言，想要被愛、想要自己的需求被滿足、想要過上無憂無慮的日子，那就必須要有能力將自己的價值依附在周遭的人事物，也要能夠獲得他人的認同才行。

練習4

放下毒性羞恥

我在許多個「不再當好人」小組中都做過調查，詢問小組成員他們將自己的價值依附在什麼樣的人事物之上，來獲得他人認同。以下稍微列舉一些我曾得到的答案。

檢視下列清單，看看自己是否有用過同樣方法來獲取認同？把你認為只有你自己會做的行為也加到列表上，舉例說明並寫下來，然後請其他人幫忙看一看，並請他們告訴你，看了你尋求認同的方式之後，他們有什麼感想。

- 把頭髮梳理整齊。
- 表現出聰明的樣子。
- 用令人愉悅、無害的嗓音說話。
- 表現出無私的樣子。
- 表現得與其他男性不同。
- 滴酒不沾，保持清醒。
- 維持好身材。
- 把舞跳得很好。
- 當個理想情人。
- 從不發火。
- 讓別人快樂。
- 當個好員工。
- 把車子打理乾淨。
- 穿著得體。
- 表現和善。
- 尊重女性。
- 從不得罪任何人。
- 做個好人。

好人如何利用價值依附

卡爾也是一位典型的好人，他利用價值依附來尋求認同。卡爾採用的方式包括：始終保持好心情給人家看、開好車、穿著得體，除此之外，**他也把價值依附在自己可愛的女兒以及美麗的妻子身上**。下面我們將從這些依附當中挑一個來深入探討，看看卡爾是如何利用這種方式來獲取認同。

卡爾的女兒只有十四個月大，他喜歡給她穿上可愛的小洋裝，然後帶她去公園晃晃。打從卡爾開始幫女兒打扮的那一刻起，他就已經不自覺地把自我認同與價值依附在女兒身上，他預期自己能夠受到讚美，他認爲到了公園後別人看見會稱讚他是位「好爸爸」。

他明白帶著女兒到公園散步，有些人會看著他的女兒並投以微笑。有些人會誇獎這個小女孩很可愛、這個爸爸很貼心，會帶女兒出來散步。也有些人會停下來問這個小妹妹多大了。還有些人會誇讚他的女兒好像個小天使一樣。這些關注都能讓卡爾自我感覺良好。

諷刺的是，根本沒有人在乎卡爾的價值依附。而且，**他這麼依賴別人給的肯定，反而讓人沒辦法好好認識他這個人**。這些依附的價值，都跟他自己本身到底是個什麼樣的人沒有關係。可是偏偏這些就是卡爾自己認爲的價値所在。

尋求女性的認可

好人幾乎在所有社交場合都會尋求他人認同，而最爲明顯的，就是在兩性關係中尋求女性的肯定。好人認爲來自女性的認可，最能夠證明他們的價値。

對好人而言，女性可能用以下幾種形式表現出她們的認同：對性的渴望、調情的行爲、肢體接觸或殷勤的態度。而在光譜的另一端，當女性感到失望、心情低落或憤怒，好人就會覺得這位女性不接受或不認同他們。

然而，積極尋求女性認同會造成許多不良影響。這可能導致好人必須不斷監測一位女性的「親密可能性」。「親密可能性」這個詞，是我用來描述女性是否願意發生性關係的主觀衡量標準。

好人將性關係視爲最高程度的認同，他們認為女性必須要心情好才願意發生關係，所以他們會盡全力避免讓自己渴望的女性不開心。他們認爲，如果自己喜歡的女性不開心、生氣或是沮喪，那就必須立刻做些什麼來安撫她們，像是撒謊、想辦法討好、犧牲自我或是操縱他人，他們相信這些方法可以解決問題。

親密可能性也能延伸到性關係以外。好人因爲受到原生家庭與社會的制約，他們不會做出任何讓女性不開心的事，即使面對自己無意與之發生關係的女性，好人仍會小心翼翼地應對她們的情緒與欲望。

過度尋求女性認同，會使情感關係的基礎全由女方主導。許多好人都說**自己的情緒總與伴侶連動**。只要對方開心，一切順利，自己也就開心。如果對方生氣、沮喪、情緒緊繃，自己也會很焦慮。要等對方好了，自己才會好。這種情感關係影響之大，導致許多好人都表示，如果伴侶心情不好時，自己的心情還不錯，他們甚至會感到內疚。

尋求女性認同，等於把自己的好壞與價值全交由女性定義。好人被女性指責自己「錯了」，或是被視爲「混蛋」時，往往會傾向相信對方的評價是對的。就算好人對這些評價提出反駁，某種程度上他們還是覺得，因爲對方是女性，那她就是對的。（曾經有位好人問我：「如果男人在荒郊野嶺說話，沒有女人在場，那他還會是錯的嗎？」）

尋求女性認同，終究會讓好人對女性懷有怒火。雖然大多數好人聲稱自己「愛著」他們的女伴，然而事實卻是，他們心中懷有熊熊怒火。這是因爲人類最終總會蔑視自己所塑造的神祇，什麼意思呢？

我們選擇相信的神祇，如果不能夠用我們期待的方式回應祈願，人們要不是更加盲目崇拜、祈求，要不就是滿腔怒火地加以抨擊。好人會把自己欣賞的女性捧上神壇，盡其所能地想要贏得「女神」認同，如果這位女神未能如願回應好人的期待，那麼他的崇拜遲早會變成怒火。這就是爲什麼常常可以聽到，好好先生明明才說自己對某位女性的愛永垂不朽，但過一下子卻又大罵人家「臭x子」。

我發現許多喜歡同性的好人，也跟直男一樣極需女性認同。只要他們能夠說服自己，自己對女性而言不具性吸引力，就能騙自己，相信自己不會受到女性的任何影響。

練習5 放下毒性羞恥

假如你不在乎別人對你的看法，你的生活會有什麼不同？

假如你不在乎是否能得到女性認同，你跟異性的關係會有什麼不同？

掩飾過錯的高手

我兒子史蒂夫九歲時，曾不經意地用原子筆在餐桌上戳了好幾個洞，他一發現自己不小心戳出的洞，就馬上指給他媽媽看。史蒂夫對自己的錯感到愧疚，但這樣的愧疚是適切且健康的愧疚。他知道自己的行爲對餐桌造成了損害，也知道自己必須負起責任。最重要的是，他知道自己雖犯了錯，但是自己並不壞。

如果換作是我，小時候（甚至是長大後）做了這樣的事，我一定會毒性羞恥感發作，想盡辦法來掩飾或是否認我犯的錯。我一定會覺得有人要對我發火了，而且會因此而不愛我了。我一定會一直活在這個祕密之中，一輩子害怕被發現。

許多好人都說自己可以體會我兒子所經歷的事，但無一例外，他們都承認自己一定不會像史蒂夫那樣坦然，他們一定會設法掩飾自己的錯誤。

如同前面敘述的一樣，好人的所作所爲都是處心積慮地想要獲得認同，或是避免非難。他們不願相信自己的本性，所以犯過的錯以及自己感知到的缺陷，都會被他們視爲證據；證明自己的差勁、證明自己不值得被愛。他們認爲只要被看見自己有多差勁，自己就會受到傷害、羞辱或是被拋棄。所以，好人往往都是掩飾過錯的高手。

好人們認爲以下的狀況必須掩飾，或是轉移別人的注意力：

- 忘記事情。
- 遲到。
- 打破東西。
- 聽不懂。
- 做錯事。
- 沮喪。
- 痛苦。
- 把事情搞砸。

好人們最想要掩飾的事，往往都是生而爲人本就天經地義的事：

- 性需求。
- 生理機能。
- 漸漸老化。

- 頭髮越來越少。
- 自己的任何需求。
- 不完美。

放下毒性羞恥
練習6

檢視前述列表，寫下這當中你曾試圖掩飾或轉移他人注意的情況，並舉例說明。你覺得對自己所愛的人隱瞞這些事情有效嗎？效果如何？

隱瞞證據

好人們會用許多有創意的方法來掩飾他們認爲的缺陷和錯誤，這些方法包括：

說謊

大多數好人都相當自豪自己很誠實也值得信賴，然而諷刺的是，他們根本就不誠實。好人們相信，只要能防止別人用負面的態度看待自己，那說謊也沒什麼。有時他們也不見得說了謊，而是只講一部分的事實，或是省略掉一些訊息不說。

將功補過

他們總盡心盡力想做個好人，他們不斷付出並給予關懷，深信如此一來就能將功補過，把自己做得不好的事通通抹滅掉。他們也認爲，必須把大部分的事情都做好，別人才不會注意到做得不好的部分。

討好

成熟的人會對自己的行爲負責。成熟的人犯錯或行爲不當時，會道歉、賠償或是修復自己所造成的損害。好人卻不然，他們解決問題的方法，就是無所不用其極地討好，讓對方消氣。

DEER反應

DEER是四個字的縮寫，這四個字分別爲：辯解（Defend）、解釋（Explain）、找藉口（Excuse）與合理化（Rationalize）。出現這些行爲都是基於恐懼，而他們的目的是要轉移他人注意力，讓其他人不要一直盯著他們的錯誤看，也不要一直檢視他們的「壞」。

當好人們做了什麼不好的事，或是有些事情做不到時，如果有人（通常是妻子、伴侶或上司）當面向他表明自己的感受，那麼好人就很有可能出現ＤＥＥＲ反應。

扭轉局勢

如果有人對好人發火，或是指出他們的缺陷與錯誤，就會引發他們的羞恥感。為了要轉移自己與對方的注意力，讓雙方都不要注意到自己的壞，他們可能會試著扭轉局面，讓自己占上風，因此刻意做一些事情來激起對方的羞恥感。我把這個行爲稱爲「羞恥感轟炸」。

好人們這種潛意識的策略來自以下信念：如果能把焦點轉移到對方的壞，那麼自己就可以從聚光燈下悄悄溜走，不必被盯著檢視。羞恥感轟炸的典型做法包含了指責、翻舊帳、轉移話題，以及指出對方的缺點。

築起高牆

好好先生會築起高牆，防止別人靠得太近。如此一來，他們當然就很難和人建立親密關係，但對他們來說好處就是不容易被看透。這堵牆可能是成癮行為（食物、性、電視、酒精、工作）、逢場作戲、酸言酸語、過度理智、完美主義、個性孤僻。

鐵氟龍男子：不沾黏、難以親近

儘管好人努力地要表現得好，想讓大家喜歡他們，但上述自我防衛的動作，反而會讓別人與他們保持距離。這些潛意識的舉動，就跟好人其他大部分的行為一樣，會造成反效果，讓他們離自己渴望的一切越來越遠。雖然渴望獲得愛與人際關係，但他們的行為卻造成一股無形的斥力，硬生生把別人都推開。

好人們不太能理解，人們一般會受到他人吸引，並不是因為那個人完美無缺，而是因為與那個人有共同的興趣，經歷了共同的困難，還有欣賞那個人對生命散發出的熱情。

人無論如何都必須與他人互動。隱藏自己的人性，設法表現出最完美的形象，反而會讓自己顯得沒有特色、狡猾、生命力低落且無趣。我總愛把好人比喻成「鐵氟龍」，他們圓滑，就好像鐵氟龍一樣沒什麼摩擦力，不沾黏又絕緣。就因為這種像鐵氟龍塗層的特質，把人隔絕在外難以親近。要知道，人與人之間都需要一些稜角與不完美，才會有摩擦力，也才得以契合。

自我認同

要從好人症候群當中好轉，必須改變自己的核心觀念。好人們應該要開始著重在「自我認同」，不應該繼續無止盡地追求別人的肯定，也不應該只想著怎麼避免他人的責難。

有趣的是，當好人開始注重自己、取悅自己，他們反而能開始體驗到夢寐以求的親密關係與人際互動。好人們可以透過以下方式，讓自己更快恢復：

- 確認自己是如何尋求認同的。
- 照顧好自己。
- 給自己積極正向的肯定。
- 多花一點時間獨處。
- 對信賴的人展現自我。

放下毒性羞恥

練習7

你相不相信別人可以在看見你的不完美之後，仍然繼續愛你？

假設你知道在乎你的人不管怎麼樣都還是會繼續愛你，也不會輕易離你而去，你的想法或生活會有什麼不同？

學會向內尋求：我想要什麼？

雖然聽起來很奇怪，但是好人必須練習做自己。要怎麼開始呢？不妨在自己試圖讓人刮目相看，想要獲得認同的時候多加留意；如果你正在好轉，你會發現自己花了好多時間打理自己的頭髮、幫別人開門、打掃廚房、或是與孩子在公園溜搭，而且目的無非就是想要人家注意、想要人家讚美罷了。

當你意識到自己花了多少精力與時間在尋求認同，你的生活會就此不同。

你會開始往內在探尋，不再執著向外尋求認同。如此一來，你也才能開始問自己一些重要的問題：「我想要什麼？」「我喜歡什麼？」「哪些事物能讓我快樂？」

本章節稍早我拿卡爾舉例，說明好人如何使用「價值依附」（也就是用自身以外的人事物）獲得自我價值。我曾經在某次的個人治療時，請卡爾列舉他用來獲得他人認同的事物，結果隔一個星期，他帶著滿滿兩頁的清單前來。我鼓勵他從中挑選一樣，並在接下來的一個月內，留意自己如何用這項事物來獲得自我價值。

卡爾從眾多價值依附中選擇了汽車這一項。他的車子保持得非常整潔，從裏到外一塵不染，他相信如此一來可以讓別人有好印象，別人也會因此而喜歡他。他決定在接下來的一個月，故意不洗車，也不用吸塵器去清理車子裏的灰塵。同時，他也會多加留意自己的感受，以及別人對他的反應。

卡爾住在西雅圖附近，動不動就下雨，只要兩、三天路面的泥水就會濺得車身髒兮兮的。他好幾次都要忍住衝動才能不去洗它。每次開在路上，他都覺得路人一定都在盯著他骯髒的車子指指點點。不管是在上班的路上，還是開去找朋友的路上，他都覺得他一定有人會來羞辱他。甚至他的女兒用車身上的髒汙畫畫時，他都覺得自己真的快受不了了。

那個月結束，卡爾洗了車、打了蠟，頓時覺得鬆了口氣。令人驚訝的是，這整個月完全沒有半個人說他的車子很髒，也沒有任何人突然就不愛他、不喜歡他了。

同樣的道理，事隔一個月，再次洗車、打蠟，也沒有讓任何人更喜歡他，或是因此而交到新朋友等。

放下毒性羞恥
練習8

回到本章開頭的列表，看一看尋求他人認同的行為有哪些，選擇其中一項你也會用來獲得他人認同的行為，並執行下列其中一個練習：

1 暫停這項行為。設定一段時間，限制自己不要做出這項行為。告知周遭的人你正在進行的挑戰。如果不小心沒能堅持住，做出了這項行為，請跟你信賴的人聊聊。好好想想為什麼特別在那一刻，自己又沒能堅持住，覺得需要別人的認同。

2 刻意多做這項行為。聽起來或許不合邏輯，但這其實是個很有效的方法，可以用來深入探索失調的行為模式。好好觀察一下，看看自己有意識且更盡力地去博取他人認同時，你有怎麼樣的感受。

照顧好自己

要先照顧好自己，才能改變對自己的看法。如果好人覺得自己沒什麼價值，那他們對待自己的方式，也會反映出這樣的看法。所以，好人必須開始有意識地善待自己，**藉由善待自己，可以暗示你的內在：我有我的價值。**

當我跟好人們討論這個議題時，他們往往想不出曾做過什麼對自己好的事情，了不起頂多一、兩樣。我們會一起集思廣益，列出可能可以嘗試的做法，小至多喝水、吃美食，大至出門旅行或買自己夢寐以求的車款。以下列出一些可行的方式：

- 運動、健身、散步。
- 健康飲食。
- 睡眠充足。
- 放鬆、玩樂、偷個懶。
- 去按摩。
- 跟好友出門。
- 買新鞋。

- 把鞋子擦亮。
- 去把牙齒整理好。
- 去體檢。
- 聽音樂。

當好人開始對自己好的時候，他們會覺得很不自在；更明確一點，他可能會感到害怕、焦慮、內疚或迷惑。這些感受是「認知失調」的產物。

對自己好的行爲也是在暗示自己：我是有價值的。但是這也就跟好人的信念相互矛盾，畢竟他們心中深處認爲自己沒有價值。

這兩種相互牴觸的想法，會讓好人體會到一種不協調的感覺。久而久之，其中一個想法會戰勝另一方。所以我總鼓勵好人繼續對自己好，再怎麼害怕都得繼續。長久下來，小時候那些錯誤認知所導致的信念，會逐漸被更正確的信念取代，新的信念也能反映出他們本性的價值。

本章開頭介紹過的陶德，浪費了很多時間來獲得他人認可，卻幾乎不會爲了自己稍微下點功夫。在不再當好人小組成員的鼓勵之下，陶德決定要開始有意識地對自己好。他先從小地方做起，給自己買了新的襪子和內褲。

幾週後，他開始執行健身計畫、定時鍛煉身體。他也開始每隔一週去找按摩師按摩，雖然他還是覺得這麼做問心有愧。六個月後，陶德決定花兩千美元加入一個單身俱樂部。他跟小組成員說，儘管他偶爾會聽到心中微小的聲音，告訴自己沒資格對自己這麼好，但加入這個俱樂部卻是他做過的事情中，最能肯定自己的事情了。幾個月後，他和大家分享自己與兩位女性約會了兩次，而這兩位女性似乎都很喜歡他眞實的樣子。

放下毒性羞恥
練習9

從前述列表中選出你能為自己做的事。寫下清單，放在看得見的地方。每天至少為自己做一件事。

自我肯定

正向肯定的字詞可以幫助好人改變核心信念，擺脫過去對自我價值的錯誤認知，並對自己持有更眞實的看法。這些字詞單獨使用的話，效果不會持久，這是因爲自我肯定的訊息與內心深處的看法互相抵觸。自我肯定的字詞要搭配其他協助認同自我的做法，才會有更好的效果。

花時間獨處

從好人症候群恢復的過程，花多一點時間獨處是個非常重要的步驟。獨處的時光，好人可以好好探索自己到底是誰、喜歡自己的什麼，以及自己選擇了用什麼樣的方式來過生活。我強烈建議他們去一個沒有人認識自己的地方旅行、好好沉澱。

如此一來，他們就沒有太多理由需要去獲取他人認同，也不必要去隱藏自己的缺點和犯過的錯。獨處時，好人們可以自我省思，檢視自己的人生方向，同時也能藉機練習爲自己的需求負責。

一個人的時候，可以大方做自己想做的事，不用討好誰也不用委曲求全。想睡就睡、想起床就起床。自己決定什麼時候吃飯、吃什麼。自己決定要去哪裏，做些什麼。獨自一人時，好人們比較不需要去照顧他人、尋求認同、犧牲自我，或幫別人解決問題。

長時間的獨處，能幫助他們面對內心最深層的恐懼，也就是孤獨和寂寞。等到他們發現就算獨處也不會死，他們就會明白，自己沒必要繼續在不理想的關係中打轉，沒必要容忍不想容忍的事，也沒必要操控他人來滿足自己的需求。

當好人能觀察到，自己有依賴成癮行爲來分散注意力的傾向時，這段獨處的時光才是最有效的。這些成癮行爲可能包括瞎忙，或是利用性愛、食物、酒精來麻醉自己。我認爲寫日記來觀察或許特別有效；我生活中出現最多深刻見解的時刻，都發生在週末獨自去露營、花一週時間去僻靜之處靜思，以及妻子不在城裏的時候。

放下毒性羞恥
練習10

將自我肯定的字詞寫在字卡上，放在看得見的地方，並定期更換字卡以維持新鮮感。看見這些字詞時，閉上雙眼用心感受並接納其意涵。觀察自己內心是否對這些自我肯定的詞語有所抗拒。

以下列舉一些自我肯定的字詞：

「我就是我，我値得被愛。」
「我不完美，但是我很棒。」
「我的需求比較重要。」
「我很堅強又有能力。」
「我辦得到。」
「大家都會接受真實的我，也會愛我。」
「人非聖賢，孰能無過。」
「只要討好我自己就夠了。」

自我揭露，找一個值得信賴的人

當好人們試圖向他人隱藏自己的個性時，無疑是在強化自己的核心信念，也就是：我既差勁又不值得被愛。要改變這種信念，就必須把自己的性格顯露出來，釋放他們的毒性羞恥感，並且接受新的資訊，不再固守童年時期內化的想法。這個過程需要一個可以信賴的人來協助。

起初或許會感到害怕，但是找值得信任的人深聊，是一個學習自我認同的重要步驟。自我揭示是無法獨自進行的，好人們需要他人來協助自己矯正扭曲的信念，扭轉對自我價值的輕視。

這個過程需要先建立信任。我建議設定一個固定的時間，找自己信任的人或團體，一點一滴地揭露自己。先從談論自己的事情開始，這件事本質上就會讓好人們渾身不自在了。但隨著時間推移，他們就能把自己最不想讓人家知道的事說出來。

一旦建立起信任，就能開始找尋造成自己恐懼與羞恥的事物。我目睹了許多人一開始絕口不提與逃避，到後來都能在信任的人面前談論自己最深層、最黑暗的祕密。

雷德是一位戒酒中的酒精成癮者，也是不再當好人小組的一員，我就用他來舉例說明這個過程。

有一天晚上，雷德很晚才來小組報到，在一開始的三、四十分鐘裏，他一直保持沉默與距離。雷德在小組裏要不就是積極參與，要不就是保持沉默。他保持沉默時就是一個訊號，說明他在情緒方面有困擾。時機對了，我就問雷德說，他看起來悶悶不樂，怎麼了嗎？

當大家把注意力放在他身上時，他的表情從疏離變成了恐懼。他低頭看著自己的手，小聲地說：「我今晚本來沒有要來的。我其實本來想著乾脆再也不要來了。」

有些人就問他到底發生了什麼事，整個小組的人其實都在擔心他。

「我覺得太可怕了。」雷德說道：「我做了件非常可怕的事，我不知道怎麼面對你們。」

我開始想著他是能做什麼事，會讓大家想要批判他。一名小組成員則問他是不是外遇了。

雷德回應：「是更糟糕的事。太糟糕了，我不知道該不該跟你們說。」

接著大家不斷表達支持並鼓勵他，雷德終於克服了恐懼與羞恥，敞開心扉，娓娓道來。

「上禮拜我被老闆罵了一頓，然後又跟老婆吵架，我覺得很沮喪，跑出去買了一罐七百五十毫升的伏特加把自己灌醉。我毫無節制地一直喝一直喝，停不下來。」淚水順著雷德的臉頰留下，酒癮復發讓他覺得很羞恥。他從六個月前加入小組以來就沒碰過酒精了。他還積極參與匿名戒酒會，雖然在過去十二年間還是斷斷續續破戒過好幾次。

小組成員遞給他一盒面紙，雷德擦了擦眼淚，然後繼續講述他的故事，一邊啜泣，一邊跟大家揭露他的羞恥感：「我又變成以前那個我了，那個愛說謊又愛操控他人的我，我完全克制不了。」

我問他這件事發生之後，是否打過電話跟他的互助夥伴聊聊，或是繼續參加互助會。他搖了搖頭說自己破戒太多次了，他覺得沒有人在乎自己還去不去，甚至大家也不希望他再出現了。

許多小組成員都跟雷德說，他們不覺得雷德差勁，也無意批評他，他們能看得出雷德很痛苦。他們還說，非常佩服雷德在內心充滿羞愧的狀況下，還能來小組報到，並揭示自己的羞恥感。

過了一會兒，雷德又揭露了別的祕密：「還有，還沒結束。」他又開始啜泣，抬起手扶著額頭，搖了搖頭，一副相當厭惡自己的樣子。

「情況越來越糟。我上班的地方附近有脫衣秀，我這週還去看了兩次。」他看向地板，忍不住地哭泣。他時而哽咽時而啜泣地說：「我以前一直都表現得很好，現在都沒了，我覺得自己很沒價值，也不想活了。全都搞砸了！」

剩下的時間裏，小組成員不斷給予雷德支持，並鼓勵他把自己的羞恥感都說出來。他們告訴雷德：「你不差！沒有人會批評你！」不僅如此，大家也相當敬佩他能揭露自己的痛苦與羞恥。

小組成員還支持他跟妻子談談這些事、鼓勵他打電話給互助夥伴，並建議他繼續參加戒酒互助會。他們要求雷德在接下來的一週內，每天打一通電話給一位小組成員匯報自己的狀況。

當晚雷德離開小組時，很明顯看得出他很震驚也很害怕，但他也同時放下沉重的包袱。他得到了一群眞朋友的支持，這群朋友發自內心希望他能安好。雷德是多麼害怕他的差勁會導致其他人疏離他、批評他，但這些事始終沒有發生。相反，他明白了不管他做了什麼，小組成員都會繼續喜歡他、繼續關心他。

練習11 放下毒性羞恥

安排一個週末，去山上或海邊旅行。可以的話，安排一個一週或以上的假期，去一個沒有人認識你的地方度假、沉澱；甚至獨自出國旅行。好好利用這個機會來自我觀察並反思。

寫寫日記、好好照顧自己。帶著這本書，多多嘗試書中突破自我的練習。回家以後，觀察自己有什麼改變，也請觀察你多久之後會開始變回老樣子。

蛻下變色龍的外皮

當好人們放下毒性羞恥感，開始尋求自己的認同時，他們也會開始理解到幾件重要的事：

- 自己並不差勁。
- 沒必要做任何事情來博得他人認同。
- 沒必要隱瞞自己認為的缺點與過錯。
- 做自己同樣也能受人喜愛。

當好人們開始運用本章提及的原則之後，他們會開始明白自己終究是凡人。就跟所有人一樣，會犯錯、會有判斷力不佳的時候，也會有行爲不當的時候。這就是人性，所以犯錯並不代表就是差勁，就不值得被愛，也不會因此而被別人冷落。

不完美才能與人交流。大多數的人傾向受到具有某些特點或是自我意識的人吸引。而變色龍通常不會有太多人喜歡或欣賞。

蛻下變色龍的外皮，學會取悅自己，好人們才得以擁有親密關係與渴望的感情。學著自我認同，才能散發生命的光彩與迷人的氣息。當你停止尋求認同，也不再隱瞞自己的缺點，才能爲自己開一扇門，通往自己渴望的人生與愛情。

第四章

把自己的需求放第一位

無欲無求的外表之下，隱藏的卻是無盡的需求與渴望。

拉爾斯是位非常焦慮的公司主管，他在第二次來諮商時，跟我談了許多。他是受到妻子鼓勵而來找我諮商的。他告訴我，打從有記憶以來，就覺得自己老是不快樂，也常常覺得很沮喪。

近幾個月來，他發現自己晚上都睡不太著，也經常有偏頭痛的情況發生。他的人生看似一切順遂，有不錯的工作、漂亮的房子、甜蜜的家庭等，可是他好像不曾覺得快樂過。

第一次諮商的過程，拉爾斯透露他一直有個想法，就是拋下一切，躲到一個遠遠的地方，讓大家都找不到他。不過這樣的想法讓他有罪惡感，所以只能埋藏在心裏面。

那次面會，我問他是否曾經爲了自己做過什麼？他疑惑地回答：「什麼意思？」我又再問了一次。

沉默半晌後，他說：「應該沒特別做過什麼吧，我想。」

接下來的時間裏，我告訴他必須把自己的需求擺第一位，我告訴他這是件重要的事情，而且他自己也要負起責任，想辦法滿足自己的需求。這次的討論，讓拉爾斯感到恐懼，也有點抗拒。第二次來諮商時，情況還是一樣。

我問他：「上次討論的事，哪一點讓你不自在了？」

「全部。」他說：「要我把自己的需求放在優先位置，我覺得很不安。」

我問了他，要他照顧自己的需求，是哪裏會讓他感到不安了？

「整件事都讓我覺得很不舒服。」他說：「這樣會讓我覺得，我會變得自私，會變得以自我爲中心。」

我問他：「那有什麼不好？」

拉爾斯驚訝地看著我。他說：「有什麼不好？當然不好啊！因爲如果我變得自私的話，就會變得跟我爸一樣了。他從來都只會想到自己，我們都爲此吃了不少苦頭。我不想像他一樣，我不想當一個自私自利的混蛋。我有老婆、小孩、工作，還要付房貸跟生活開銷。我不能變得跟我爸一樣。」

無欲無求，其實欲望無窮

以拉爾斯看待自己需求的態度看來，他就是個不折不扣的好人。總想著怎麼滿足別人的需求，而自己卻想表現得無欲無求。每次我跟他們聊到要把自己的需求擺第一位時，他們的反應都跟拉爾斯一樣，既害怕又抗拒。

許多好人都有這個問題，這也是受到童年影響所造成的。孩童的需求如果沒有被及時而合理地滿足，他們就會覺得自己不夠好，覺得自己不應該有任何需求。他們也可能會覺得，就是因爲自己有需求，別人才會傷害他們，或是拋棄他們。

通常，好人都會發展出許多生存機制，來因應這些對過去事件的錯誤詮釋。

- 試圖表現得無欲無求。
- 不讓別人為自己付出。
- 使用「潛藏期待」。
- 強迫關懷他人。

這些生存機制在童年時期爲他們創造了安全感的假象，卻也同時讓他們的需求更沒有機會被看見、被滿足。

不想被拋棄，所以隱藏需求

對好人們來說，努力變得無欲無求是為了應對童年時被遺棄的不安，而且這就是他們的主要應對方式。這是因爲在他們年幼時需求越多時，也就越強烈地感受到被遺棄的不安。以致於他們深信，正是因爲自己有需求，別人才會離他們而去。

這些無助的小男孩，就這麼下定論：「如果能夠消除或隱藏自己的需求，就不會有人拋棄他們了。」他們也說服自己，只要沒有需求，就不會有需求不被滿足的問題，也就不會有所謂的失望了。他們很早就學會不抱任何期待，不要期望需求會被滿足，也很早就認定表現得無欲無求才是自己的生存之道。

由於這些童年時期形成的生存機制，好人往往認爲無欲無求是一種美德。然而，無欲無求的外表之下，隱藏的卻是無盡的需求與渴望。因此，當他們試圖滿足需求時，就會訴諸間接、隱晦的方式，操縱他人來滿足自己，甚至出現控制欲。

不讓別人為自己付出

好人總用無效的策略來塡滿自己，最糟糕的是，就算眞的可以獲得滿足，他們也不敢欣然接受。因爲「自己的需求被滿足」這件事，跟他們童年養成的觀念相互牴觸，所以如果他們眞的能得到想要的事物，心裏反而還會覺得不舒服。

他們或許沒有發現**自己其實會害怕真的得到所想的事物**，也沒發現自己會無所不用其極地讓自己無法得到想要的事物。他們潛意識裏有一套做法，可以確保自己不會得到想要的事物。

舉例而言，他們會去接觸一些老是對他予取予求的人，或是不太理會他們的人。除此之外，他們有什麼需求也不會說出口，有事情都表達得不清不楚，還會拒人於千里之外，甚至乾脆把跟別人的關係搞壞。

最能說明這種行爲模式的例子，就是他們試圖滿足性需求時所採取的行動。我在工作上遇到的諸位好人，許多都對性有高度的興趣，但他們卻常常在滿足性需求的方面感到挫折。通常都是因爲他們的行爲本質上就是在讓自己離渴望的事物越來越遠。

好人在挑選伴侶時有一個奇妙的訣竅，**他們會挑選一些在性方面比較不擅表達的人來當伴侶**，至於不擅表達的原因，可能是因爲這些人童年時曾受過性虐待，或是有過可怕的性經驗。

而當他們的伴侶開始願意發生性關係時，好人就會再採取進一步行動，以確保自己的需求不會順利獲得滿足。在這些人的世界裏，這種事情還眞是屢見不鮮。他們會想要控制情況，不讓性關係自然而然地發生。

在伴侶有機會願意跟自己發生性關係之前，他們會密切關注伴侶的性需求。但是當對方願意給的時候，他們有可能就會跟對方吵一架，對伴侶的身材品頭論足，或是責怪對方之前都不願意跟自己發生關係。

這些作爲無非就是不想讓別人關注到自己的需求，因爲需求被人看見的話，他們又要感到恐懼、羞恥以及焦慮了，所以他們會盡力遏止這種事情發生。

左右自己人生的「潛藏期待」

所有好人都面臨著一個難題：要怎麼隱藏自己的需求，同時卻又能夠營造一個情境，讓自己的需求有機會被滿足？

爲了實現這個看似不可能實現的目標，好人們都有自己的「潛藏期待」[1]。這些在潛意識裏沒有明說的協定，是他們與周圍的人互動的主要方式。**幾乎每件好人所做的事情，都隱含著某種期待。**

1 編按：原文「covert contract」，又譯「隱性契約」；沒有說出來卻希望對方滿足自己的期待。例如有前提的幫忙，而此前提往往都不會事先明說。

潛藏期待大致上是長這樣子：

我可以為你做〇〇〇，所以你得為我做×××。我們雙方都要假裝彼此之間沒有這個協定。

大多數的人，都曾傾靠在愛人身邊，在耳邊細語，對他們說：「我愛你。」然後會滿懷期待地等著對方回應：「我也愛你。」這就是一種潛藏期待，換句話說，我們會做某件事情，並期待某種回應作爲回報。在這個例子裏，說「我愛你」就是爲了聽到對方說「我也愛你」。

這種模式，就是好人用來滿足所有需求的基本方式。要求你的伴侶對你說出「我愛你」並沒有什麼不對。但是藉由先說出「我愛你」以得到對方回應「我也愛你」，其實是一種迂迴、含糊的方式，且有試圖操縱對方的嫌疑。

因爲受到原生家庭以及環境的制約，他們相信，只要做個好人就會被愛，需求就能被滿足，人生就能順遂。

然而，好人症候群患者的這種觀念，說穿了就是一種左右自己人生的潛藏期待。

放下毒性羞恥

練習12

你認為自己「可以」有需求嗎？你認為別人會願意幫助你滿足需求嗎？你認為這個世界是友善的嗎？

強迫關懷，目的是獲得回報

好人體現潛藏期待的其中一種方式就是強迫關懷，他們試圖用這種方式來讓需求獲得滿足。好人相信他們這種關懷本質上充滿了愛，也認爲這項舉動可以充分表現出他們的「好」，然而事實並非如此。**利用強迫關懷來滿足自己的需求，其實是相當不成熟的方式。**

強迫關懷包含兩個面向：他們會關注其他人的問題、需求或感受，以讓自己覺得自己有價值，也希望透過這種方式，來讓自己的需求獲得滿足。另一方面，他們也是希望透過這種方式，來逃避自己的問題與感受。

里斯是一位年近三十的平面設計師，他就是一個很好的例子，可以說明好人是如何在親密關係中展現過度的關懷。

里斯是一位男同志，有次他來做心理治療時哀歎道：「爲什麼我就找不到這樣一個伴侶，願意讓我的付出獲得相等的回報？」他接著開始描述所有交往過的對象，並說每段關係中，幾乎都只有他在付出而已。

一年間，里斯就交往了三任男友。每段關係一開始都看似美好，彷彿對方就是他尋尋覓覓的那個人。但三段關係卻都因爲同樣的情況告吹：**里斯尋找的伴侶，都需要他人的協助，也有些問題需要解決。**

第一位男友住在加拿大，才剛經歷完戒毒療程。他搬去跟里斯同居，可是卻一直不去申請工作簽證，而且也經常毒癮發作，沒辦法完全斷絕毒品。里斯不遺餘力地幫助男友，充分支持他，希望他能找到工作、遠離毒品。

最後，里斯還是把男友送回去了，希望他能把自己的問題解決好。後來里斯從共同朋友那裏得知，原來對方一直不申請工作簽證的原因，是因爲他是愛滋病帶原者，而里斯卻不知道這件事。

第二位男友與里斯來自不同文化背景，他從未好好面對自己的性向。他的父母與宗教信仰都讓他處於無止盡的矛盾之中，使他沒能在這段關係中給出承諾。然而，里斯仍竭盡所能地支持這位男友，期望有一天，男友能夠釐清一切，面對自己，然後好好和他在一起。

第三位男友是軍人，住在離里斯的住處大約六十五公里的軍營裏。對方沒有車可以開，里斯不得不主動約對方碰面，並接送對方來回。里斯的收入比較高，所以出門都是他付錢。里斯很常買禮物給這位男友，也常常借他錢。後來這位男友被調去其他州了，里斯辭掉工作、賣掉車子，跟著男友搬了過去。但三個月後，里斯又搬回來了，因爲他發現男友劈腿了。

這一年間，爲了照顧男友的需求、幫助處理他們的問題，里斯辭掉自己的工作，也跟大多數親友漸行漸遠。里斯的這種強迫關懷，讓他投入了無比龐大的精力來解決他人的問題，也讓他對自我毀滅的行爲視而不見。而且，也就像大多數好人們一樣，里斯覺得自己給得再多，都沒有獲得應得的回報。

練習13 放下毒性羞恥

想想看你對你的另外一半是否有什麼潛藏期待？你付出了什麼？你期望你的付出能換回什麼？找個人談談這件事，問問對方：當面對一個不知道自己到底要什麼的人，是什麼感覺？

內心富足才能真心關懷

雖然好人們覺得自己做的事充滿愛與關懷，但是真心關懷與強迫關懷是兩碼子事。以下是兩者的差異：

強迫關懷

- 付出自己想付出的事物。
- 源自付出那方內心的空虛。
- 期望獲得回報。

真心關懷

- 付出對方需要的事物。
- 源自於付出那方內心的富足。
- 不求回報。

有許多原因會讓好人出現強迫關懷的行為，但沒有一個是因為愛。對他們來說，即便是最無害、最微小的付出，也都是有附加條件的。好人期望接受他們付出的人，能給予相等的回饋。

他們可能會送禮物、付出感情、幫伴侶按摩、滿足伴侶的性需求、製造驚喜等。他們也會鼓勵伴侶休個假、買新衣服、生病了去看醫生、去旅行、辭掉不喜歡的工作或是再去進修。可是，自己卻絕對不會這麼做。

放下毒性羞恥

練習14

找出三個你強迫關懷他人的例子，為了讓自己意識到自己的強迫關懷，請在一週內執行以下任一建議：

1 停止任何形式的關懷。由於好人不太會分辨關懷與強迫關懷，因此請在一週間徹底停止關懷他人（幼兒除外）。

2 刻意比平常付出更多關懷。雖然這項建議聽起來有點怪，但不失為一個好方法，讓你意識到自己強迫關懷的行徑。

請知會周遭的人你正在進行的挑戰，他們才不會覺得你很奇怪。同時好好觀察自身感受與他人的反應。

受害者三角循環

潛藏期待與強迫關懷不但沒能幫助好人滿足他們的需求，反而還會帶來挫折與埋怨。這樣的負面情緒累積久了總會爆發，場面往往也都不是太好看。爲了獲得回報而去付出其實相當不理智，因爲這樣會陷入「受害者三角循環」。它由三個可以預測得到的狀況形成：

1 好人對他人付出，也希望對方給予回報。

2 如果好人覺得付出跟回報不相等，或是沒有獲得預期的回報，就會感到挫折，內心也會憤恨不滿。要記住一件事，好人們其實都是愛計較的，他們並不客觀。

3 當這個挫折感與不滿累積久了，就會爆發。他們可能會怒火中燒、出現消極抵抗的行為、噘嘴、大發脾氣、表現得冷漠、羞辱他人、指責他人、批評他人，甚至會有肢體虐待的情形。爆發完了，就算一個循環的結束，接著再進入下個循環。

我太太將這種情況稱爲「受害者的宣洩」，這些行爲就跟小孩子鬧脾氣一樣。有時候，好人會用更消極抵抗的方式來吐出心中的不快，像是透過外遇或是其他隱蔽的行爲來表達不滿。

一直以來，好人都覺得自己這種「宣洩」是合情合理的行爲，因爲他們總覺得自己在很多方面都被人家欺負，也就是說，**他們覺得自己一直都是受害者**。這也就是好人們往往其實並沒有那麼好的其中一個原因。

謝恩與女友拉克兒的關係就是很好的例子，能夠充分說明受害者三角循環與情緒宣洩是怎麼一回事。

謝恩把拉克兒捧在手心裏。在他內心深處，他覺得自己必須夠好，拉克兒才會愛他。爲了獲得拉克兒的愛，謝恩會送禮物、寄卡片、無時無刻傳訊息、買衣服、籌劃驚喜，幫她照顧家庭還有子女。

以上種種都讓拉克兒覺得有所虧欠，她覺得自己永遠無法報答謝恩爲她所做的一切。謝恩所做的一切，無疑是想要贏得拉克兒的愛，只是他的潛藏期待拉克兒無法理解。久而久之，她也沒能好好應對謝恩的取悅以及關懷，能做的也就只有拒絕他的殷勤。

一旦被拉克兒拒絕，謝恩就覺得整個世界天崩地裂。**他覺得自己已經達成心中**

潛藏期待裏的條件了，為什麼拉克兒就不能好好履行協議？他覺得自己並不難取悅。

問題是，謝恩爲拉克兒付出得越多，內心的怨懟也就越深。他指責拉克兒不愛他。他們會爲此大吵一架，經常到要分手的地步，什麼難聽的話都說得出來。然後謝恩就會開始害怕，覺得懊悔，又去挽回拉克兒，並試圖處理兩人的嫌隙。

同時他也會記仇，怨恨拉克兒都不會主動挽回他，也不會試著來找他解決問題。謝恩最後又會再開始陷入同一個迴圈，繼續討好拉克兒，並予以過度的關懷，試圖贏得她的愛，一次又一次重複同樣的惡性循環。

練習15　放下毒性羞恥

當你出現強迫關懷的行為，「受害者的宣洩」總會隨之而來，但你很難看出兩者之間的關聯。不妨先觀察自己是如何傷害所愛的人。

- 你是否說過尖酸刻薄的話，或開過傷人的玩笑？

- 你是否會在大家面前讓他們難堪？
- 你是否經常遲到？
- 你是否常常「忘記」他們交代你的事？
- 你是否會批評他們？
- 你是否會故意冷淡，或威脅要離開他們？
- 你是否會把不滿積在心裏，最後一次對他們爆發？

與另一半談談你強迫關懷以及情緒宣洩的行為，請對方告訴你他們的看法。或許聽到實情會很難接受，也可能會讓你羞恥感瞬間飆升，但是，這樣的資訊非常重要，能幫助你破除受害者的三角循環。

滿足自己是「你的工作」

我剛開始寫這本書時，曾把早期的草稿分享給不再當好人小組的成員看。有一次，一位成員說道：「這本書的重點幾乎都是在關注自己，感覺很自私，也很自以爲是。講得好像人們都應該只顧自己，不顧其他人。」

我在寫作時沒特別想到這個議題，但是經過小組成員的回饋，提醒了我這個未曾完全意識到的事實：既然好人學會爲了生存而犧牲自己，那麼要康復，就必須先**學會把自己擺第一位，視自己的需求為最重要的事情。**

我告訴他們，有需求是天經地義的事，而且成熟的人會優先滿足自己的需求；不難想像，大多數好人聽到這件事都感到相當震驚。有的時候，我必須苦口婆心一講再講，才能讓他們理解這個事實。好人們認爲，有需求的話，就代表自己太過予取予求，而需索無度的自己終將被人拋棄。

我跟他們說：「除了你們的父母，沒有人是爲了滿足你們的需求而來到這個世界，而你們父母的任務也已經完成了。」我也提醒：「同樣，你們來到這個世界，除了你們的孩子以外，不需要滿足任何人的需求。」

對於正在康復之中的好人來說，這種觀念的轉變會帶來恐懼。對他們而言，一想到要把自己的需求放在優先順位，就感覺好像馬上會被人家討厭、被嫌棄，最後會落得孤苦無依的地步。

每次我要求好人們重視自己的需求，把自己的需求擺第一位，他們的反應都大同小異，我都能背起來了：

■「這樣別人會生我的氣。」

■「這樣別人會覺得我很自私。」

■「這樣我會沒朋友。」

■「如果所有人都這樣怎麼辦？」

於是我就開始舉例，告訴他們，如果開始重視自己的需求，對他們會有什麼好處，以及對別人會有什麼好處：

■有更高機率可以獲得心裡真正渴望的事物。

■可以明智地付出，也就是有辦法給予其他人他們真正需要的事物。

■能夠無怨無悔、不求回報地付出。

■會變得比較有安全感。

■會變得比較有魅力。

大多數的好人都對最後一項好處很有興趣。畢竟無助、愛發牢騷、懦弱又沒安全感的男人，一點也不吸引人；有自信的男人才有魅力，大多數人都喜歡有一點自我意識的男性。所以，適時的把自己擺在第一位並不會讓人討厭，反而會散發出魅力。

為自己的需求負責

好人必須改變觀念，才能讓自己的需求獲得滿足。他們必須開始相信：

- 是人都會有需求。
- 成熟的人會優先滿足自己。
- 需要別人協助自己滿足需求時，可以用直接且明確的方式請求幫助。
- 別人會願意幫助他們滿足需求。
- 這個世界是樂於助人的。

爲了讓自己的需求獲得滿足，好人們必須開始做一些與以往截然不同的事，也就是把自己擺第一位。他們必須認知到，這個建議不是說說而已，也不要想著「那我就試試看好了」。把自己擺第一位，才可以讓自己的需求獲得滿足，才可以重拾自己的信心，才可以踏實地活著，也才可以感受到愛與享受親密關係。

有趣的是，當好人們開始這麼做之後，周遭的人也因此而受益了。他們的潛藏期待、猜心遊戲、爆發的怒火，以及消極抵抗行爲都消失了。他們不再操縱別人、不再有控制欲，甚至內心的憤恨也煙消雲散。幾年前，我自己也有過同樣的體會。

曾經有一個週末假期，孩子們要出城去玩，不會在家。我想要與妻子伊莉莎白共度這難得的時光，因此開始著手規畫。然而，伊莉莎白卻不講清楚她想要做什麼，也不給些具體的意見，我覺得很沮喪，計畫也暫時停擺。

後來，在一位友人的勸說之下，我決定那個週末就以自己的需求爲主，規畫了一些行程，再問伊莉莎白要不要一起參加。我做了好多想做的事，包括找朋友聚一聚。結果後來，伊莉莎白也與我一起跑了幾項規畫好的行程。星期一時她告訴我，她很喜歡這樣的週末，希望不要這麼早結束。

為了自己的一週挑戰

有一次，在不再當好人小組的討論中，我給了所有成員一個挑戰，要求他們至少在一週內，試著把自己擺在第一位。雖然這樣的挑戰會讓他們感到無比焦慮，但所有人都還是接受了。以下，一起來看看拉爾斯、里斯以及謝恩的經歷。

運動是個好開頭

本章開頭介紹過的拉爾斯，在小組結束回到家後告訴妻子：在接下來的一週，他要優先重視自己的需求。他的妻子一開始對這個聲明很反感，這樣一來無疑加劇了拉爾斯的焦慮。爲了要更有勇氣，拉爾斯打了電話給一些小組成員，有了這些成員的鼓勵與支持，拉爾斯得以貫徹他的決心。

拉爾斯決定不要搞得太複雜，那一週的計畫就是每天抽空上健身房鍛鍊，這樣就好了。有小孩以前，拉爾斯一直是個有在運動的人，可是後來因爲工作、家庭以及小孩等種種因素，而改變了生活型態。

拉爾斯決定要交替著在上班前與下班後去健身。當他與妻子分享自己的計畫時，她甚至還有點想讓拉爾斯感到內疚，她說：「不公平，爲什麼只有你可以去健身，我不能去？」

拉爾斯有些許退縮，有那麼一剎那，他好想要找個辦法讓妻子也可以一起去，但他忍住了。他仔細思考了妻子的想法之後，告訴她，不管怎樣他都還是要去健身。

起初幾次上健身房時，拉爾斯的內心都被罪惡感與焦慮占據。不過他挺住了。第三天以後，他的妻子竟然開始問起他鍛鍊得如何。接下來的日子，拉爾斯覺得自己更有活力，整個人都樂觀了起來，也開始能夠睡得安穩。

他喜歡健身房裏的氛圍，許多人也都同樣在好好地照顧自己。意想不到的是，一週之後，拉爾斯的妻子告訴他，多虧了他，她看見把自己照顧好有多重要。她表示接下來要把孩子送到健身房的日托中心，然後開始上些有氧課程。

打掃家裡、放鬆自己

里斯與上一任男友分手之後，加入了不再當好人小組，一開始他對於自己身爲小組中唯一的同性戀者感到很不自在，但其他的小組成員接納了他，他也開始努力與男性培養無關乎性愛的關係。

里斯習慣在週五、週六和週日晚上，與新的男友一起去同志酒吧玩。到了週一早上，他早已精疲力盡，接著還要花上一整週的時間來追趕工作進度。里斯很擔心，如果不順著男友的意跟他出去，對方就會離他而去。

里斯決定選一個週末，把自己的需求擺在男友之前，做自己覺得正確的事。他提前告知男友只會陪他出去一晚，他不要喝酒，並且會在午夜前回家。週六晚上，他與幾位小組成員一起出去看電影。週日時他待在家放鬆身心，打掃了一下家裏，也把該洗的衣服洗一洗，希望能在晚上十點前上床睡覺。

週一早晨，里斯覺得自己獲得了充分的休息，神清氣爽地準備去工作。他的男友還在，沒有離他而去，而且接下來的一週，他工作效率都很好，心情也很愉悅。

稍微放手，關係反而更牢固

本章節稍早也介紹了謝恩這位成員。他很喜歡爲女友付出，經常送她禮物、策劃驚喜，並盡其所能地幫助她。

謝恩決定這一週要格外注意自己，特別是有股衝動想爲女友做些什麼的時候。**當他感受到這股衝動時，他就要換個方式執行，改成為自己做點事。**當想爲女友洗車時，就改去洗自己的車；當想買禮物給女友時，就改買禮物送自己；當想打電話關心女友的時候，就改打電話給小組成員聊天。這些其實都讓謝恩覺得很焦慮。

令他驚訝的是，這一週結束後，拉克兒表示被謝恩緊迫盯人的感覺少了很多，甚至還開始期待與他共度時光。她甚至在某天晚上孩子們上床睡覺後打電話給謝恩，約他過去做愛。

幾週之後，謝恩跟拉克兒在伴侶心理諮商的過程談論到了這種變化。他們決定要維持這樣的模式，協議好六個月內，謝恩不要送拉克兒任何禮物，也不要給她任何驚喜。所以接下來的半年，謝恩就不送拉克兒禮物，也不寫給她卡片，不論是情人節、聖誕節、拉克兒的生日，都沒有卡片也沒有禮物。在這段時間裏，謝恩只要好好照顧好自己，並滿足自己的需求就好。

久而久之，謝恩發現拉克兒還是愛著他，甚至願意爲他付出更多了。一年後，謝恩已經能夠不把贈送禮物當作手段，來博取認同與肯定。這段時間也讓謝恩了解到，把自己的需求擺第一位，能讓自己變得沒那麼黏人、依賴心也不會那麼強，甚至感受也變得踏實了。謝恩跟拉克兒都說，彼此都很喜歡謝恩把自己擺第一位後帶來的種種變化。

只聽自己的聲音

好人們有一個迷思，他們認爲遷就他人，把別人擺在自己前面，就會被愛，需求就能被滿足。要改變這種既沒邏輯又無謂的觀念只有一個辦法，那就是把自己擺在第一位。

而要做出改變，最困難的環節就是下定決心，執行反而沒那麼困難。當好人們決定把自己擺第一位時，他只需要聽從一個聲音，也就是自己的聲音。做決定的是自己，不是別人，因此他不需要會讀心術、不用預測別人要什麼、不用取悅或聽從任何人。

把自己擺在第一位、做任何決定時，好人只需要問自己：「這是我想要的嗎？沒錯，是我想要的，那我就要做這件事。」

要掙脫好人症候群的束縛，就必須對自己的需求負責。別人可以與好人合作或相處，但他們沒有義務滿足好人的需求。正視自己的需求，把自己擺第一位，才得以看見這世界的富足，也才得以眞的相信自己的需求不應被忽視，也得以相信總有那麼些人，會樂意幫助我們滿足需求。

練習16 放下毒性羞恥

決定好在週末，或甚至一整週的時間裏把自己擺第一位。告知周遭親友你正在做的事，請一位朋友在這個過程中給你支持與鼓勵。留意你一開始感受到的焦慮，也請留意自己想走回頭路的衝動。時間結束時，問問周遭的人當你把自己擺第一位時，他們有什麼感受與看法。

不需要做到完美，只要做就對了！

第五章

重拾你的個人能力

放手是要放下自己沒辦法改變的事物，改變自己能掌握的。

幾年前的週六上午，我和妻子伊莉莎白爲了某件我做的某件事而發生爭執。每次爭吵，伊莉莎白都覺得很無力，她沒辦法讓我看見我的固執；而我每次都覺得自己受到不公平的指控與迫害。那次吵到劍拔弩張時，伊莉莎白失望地對我大吼：「你這個窩囊廢！」接著她掉頭就走，我則是縮進浴室裏擦眼淚。

思考片刻之後，伊莉莎白前來敲響了浴室的門。我以爲她是要回來補我一刀，結果，她其實是過來向我道歉。

「我不該說你是窩囊廢的。對不起，我做得不對。」

我擦了擦眼淚，然後回她：「妳說得很對。我就是個窩囊廢。」

好人們都是窩囊廢。雖然不好聽，但這就是事實。這些人都是窩囊的受害者，因爲他們的人生觀以及兒時生存機制的緣故，他們常常捨棄了自己的個人能力。

如前面章節所述，好人的共通點就是：在小的時候，需求沒有被及時且合理滿足。這些小男孩無力阻止別人拋棄、忽視、虐待、利用或傷害自己。他們是受害者，加害者是這些沒能愛他們、關注他們、滿足他們、保護他們的人。

因爲有這些童年經歷，好人們都相當熟悉「身爲受害者」的滋味。他們傾向把別人視爲罪魁禍首，認爲都是別人造成自己生活中的種種問題，害得他們常常覺得失落、無助、憤恨，還有滿腔的怒火。這些情緒都寫在的臉上、表現在肢體上，甚至可以直接聽到他們的吶喊：

「不公平。」

「爲什麼都是她說了算？」

「每次都是我付出比較多。」

「她如果可以……不就好了！」

人生本就不會平穩順遂

好人們總執著於創造平穩、順遂的人生，但他們根本無法達成這個目標。有兩個原因值得我們探討。

第一個原因就是，這樣的目標並不實際。人生本來就不會平穩順遂。身爲人，終究要經歷許多紛擾，人生中有太多無法預測也沒辦法控制的事情了。所以說，擁有順遂且凡事都如預期的人生是不可能的，再怎麼嘗試都只是徒勞。

世事本就難料，而好人們卻相信人生不會有任何波折，或是說他們認爲人生不應該有任何波折。這種信念也是源於童年時期被遺棄的經驗，這樣的情況形成了一種不可預測的情緒，不只令人恐懼，甚至可能會威脅到生命。

爲了撫平這些不安，好人們培養出一套信念：只要凡事都做到好，人生就沒有煩惱。有時，他們的幻想甚至還包括自己擁有過美好而無憂無慮的童年（然而事實並非如此）。

這樣的信念，無非也是一種應對機制。雖然一切盡是扭曲的信仰、無謂的妄想，卻能幫助這些無助的小男孩，度過他們無法控制的恐懼。

第二個原因就是，好人的所作所爲總與目標背道而馳。他們仍在沿用年幼無知時養成的生存機制，**來處理成年後的問題**，那麼理所當然生活穩定的機會只會越加渺茫。

好人們越是仰賴這些生存機制，就越容易陷入回憶的泥淖，被童年的恐懼淹沒，延續這個惡性循環。他們越是恐懼，就越會訴諸童年的生存機制；越是訴諸這些無謂的生存機制，就越難成功面對人生的複雜、挑戰以及種種未知。越是無法成功地克服各式各樣的挑戰，他們就越是害怕……接下來會怎樣，我不用多說你們也知道了。

拒絕窩囊，重拾個人能力

我把「個人能力」[1]定義爲一種心態，這個心態是指某個人確信自己能夠處理任

何可能發生的困難。擁有個人能力不僅能夠成功解決問題、克服挑戰與戰勝逆境，還能坦然的面對、迎難而上，同時感謝這些問題的存在。

擁有個人能力並不代表不會恐懼，即便是個人能力非常強大的人也會有恐懼的時候。個人能力是在感到恐懼時面對恐懼，不向恐懼屈服而培養出來的能力。

有一個辦法能夠幫助好人克服他們的無助與脆弱，那就是從好人症候群中恢復過來，再次擁抱自己，這是他們與生俱來的權利。重拾個人能力的做法包括：

- 放手。
- 活在現實之中。
- 表達情緒。
- 面對恐懼。
- 培養誠信。
- 設立界限。

---

1 編按：原文「personal power」，又譯「個人權力」，指影響其他人和事的能力。這種形式的權力來自個人特徵、魅力，而不是正式的權威地位，更多的是一種態度或心態。

練習17 放下毒性羞恥

下列清單是好人試圖創造平穩順遂的人生時所採取的做法。逐一寫下自己相應的例子，說明你年幼時如何運用這些方法。接著，在每個例子旁邊，再寫下一個例子說明你在成年以後，如何採用同一個策略控制周遭的人事物。

想想看，這些行為為什麼會讓你覺得自己是個軟弱的受害者？請與信賴的人分享你的想法。

- 把事情做好。
- 謹慎行事。
- 預測問題並處理問題。
- 盡量不要惹是生非。
- 充滿魅力、樂於助人。
- 絕對不會惹麻煩。
- 運用潛藏期待。

- 控制他人、操縱他人。
- 過度關懷、討好他人。
- 隱滿事情。
- 壓抑自己的情緒。
- 確保其他人對自己沒有意見。
- 逃避問題與困難。

放手，才能抓住想要的

諷刺的是，想要重拾個人能力，獲得渴望的人生與愛情，最重要的就是學會放手。放手不是放棄。**放手是要放下自己沒辦法改變的事物，改變自己能掌握的。**

放手也不代表不在意或無所作爲，而是要順其自然。張開緊握的拳頭，才能釋放掌中的壓力。一開始，手指勢必會想再握回原本的位置，因此必須不斷訓練，才能自然地放鬆、放開拳頭。學習如何放手就是這麼一回事。

學會放手，好人們才能好好應對複雜的生活，懂得欣賞個中之美，才不會一味地想要控制一切。學會放手，才能學會把生活看作是學習、成長與發揮創意的實驗室，也才能學會把每一次的生活經歷都看成是「上天的禮物」，讓人們得以成長、療癒與學習。在人生中遇到難題時，與其不斷哀歎：「爲什麼這種事都發生在我身上？」不如這麼思考：「我應該從這件事當中學會什麼？」

先前提到的吉爾就很好的體現了「放手」這一回事。他與女友芭芭拉的關係出現了危機，一開始，他們倆一起找了心理師進行伴侶諮商，以「處理」芭芭拉的問題。

吉爾聲稱，芭芭拉總是悶悶不樂，又很愛生氣，而且對性事興趣缺缺。他說自己整天戰戰兢兢，深怕一個不注意又讓芭芭拉不開心了。

吉爾與芭芭拉都是五十出頭的年紀，兩人已經一起生活了八年，他們也曾想過結婚，但是由於兩人關係不穩定，因此有所顧慮。經過幾個月的伴侶諮商，吉爾開始明白，這段關係中的問題，並不是芭芭拉一個人造成的，他自己也有責任。

他開始審視自己過度關懷的行爲，並克制自己的控制欲。他也逐漸意識到，自己沒有什麼休閒嗜好，也沒有什麼男性朋友。又過了幾個月，他來參加了不再當好人小組。

即便吉爾開始審視自己的問題以及他那無謂的生活模式，他還是一直在尋找能讓芭芭拉變得更好的「關鍵」。不過，吉爾慢慢開始發現，自己是沒辦法改變芭芭拉的，也慢慢明白，要把注意力放在自己身上。

當他一開始試著放手時，他感到無比焦慮，內心有一股深層的恐懼，深怕自己會惹禍上身，他還覺得，沒有他的幫助，芭芭拉沒辦法解決自己的問題。

後來在小組成員的支持下，吉爾放手了。他逐漸明白，不管他是否能與芭芭拉結為夫妻，他都會安然無恙的。令他驚訝的是，學著放手之後，他與芭芭拉的關係反而開始改善了。

當他不再執著於解決芭芭拉的問題，也不再隨著她的喜怒波動之後，他發現自己的挫折感與心中的不滿也減少了許多。他甚至開始覺得芭芭拉的出現就是上天的禮物，讓他有機會藉由她來學習，怎麼解決與自己那易怒的父親之間的心結。

一年後，他向小組成員宣布了與芭芭拉的婚事。他跟大家表示自己與芭芭拉相處得比想像中的好，關鍵的轉捩點似乎是在他決定不去在乎，最後是否能和芭芭拉修成正果的時候。

這個決定代表吉爾有意識地放開了手，不再去控制那些明顯無法控制的事物。吉爾也說了，放手的過程中，反而讓他得到了他眞正想要的東西。想想也眞是蠻諷刺的。

放下毒性羞恥

練習18

想想看，有沒有哪個來自上天的禮物，你一開始相當抗拒，如今卻能將之視為成長與發現的契機。

現在的生活當中有沒有這類的禮物，是你需要學習放手的？與你信賴的人談談這個問題。

活在現實中，才能做出現實的決定

好人們總會塑造自己的一套信念體系，他們選擇相信的人事物，都不是根據現實，而是自己所假設出來的。然後他們會表現得好像自己的信念沒有任何偏差。這就是爲什麼在旁人看來，他們的行爲常常不合邏輯。

萊斯是一位年近四十、靦腆低調的男性，他與一名同事有過短暫的婚外情。在他接受心理治療的初期，我問他覺得自己爲什麼會外遇？「我不知道。」他這麼回答：「我覺得我應該只是想要得到別人的關注。」

我接著問他，他都是怎麼對他的妻子表達憤怒的。他面露疑惑，回答道：「我從來不會對莎菈生氣。」

「你的意思是你們倆結婚十年來，她都沒讓你生氣過？」我語帶嘲弄、故作驚訝地問他。

聽萊斯說起他的妻子，可以很明顯知道他把妻子看作完人、不會犯錯，也可以明顯看出，萊斯沒有用現實的角度來面對自己的婚姻。我更具體地問了萊斯一些關於莎菈的問題，他透露出，結婚以來：莎菈胖了二十七公斤、不再做飯給他吃、心情總是很低落、不想跟他做愛、對他很輕蔑又時不時發脾氣。但就算這樣，萊斯仍堅持莎菈就是他的夢中情人，他的愛仍然不變。

接下來幾個月的治療中，我不斷提醒萊斯要從現實角度來看待他的婚姻關係。這個過程很漫長，也很艱難，萊斯之所以會用自己所相信的方式看待莎菈，是因為他害怕失去她，他害怕孤獨。要萊斯活在現實之中，意味著他可能得做出一些自己會害怕、會覺得困難的事。

當萊斯勇敢面對自己會被拋棄的恐懼之後，他也開始用更適切的態度看待妻子。這樣的轉變，讓萊斯逐漸有能力去要求自己想要的事物、設立界限，並表達出他的不滿與憤怒。

很快地，萊斯就發現莎菈根本就不願正視她在這段關係之中應該扮演的角色，也無意爲這段感情做出任何改變。雖然眞的很痛苦也很震驚，但接受事實之後的萊斯，決定搬出去住並訴請離婚。

活在現實之中，萊斯才能看清楚爲什麼自己會爲莎菈建立起這些虛妄的信念，也才能勇敢做出這樣艱難卻又實際的決定。萊斯的內在也變得更加堅強，從而在生活中做出重大改變。

活在現實之中，萊斯也就能爲自己開啓一扇大門，讓他可以向外探尋，去尋找有緣人，與他共同建立一段自己渴望的關係。

練習19 放下毒性羞恥

想想看，你的生活中有沒有哪些情況總讓你感到沮喪或是失去控制？從中挑選一個情況，選擇退一步試試。

仔細思考，在這樣的情況下所遇見的困難，是否是因為自己試圖把你想相信的現實，投射到真實世界中所造成的結果？如果你不得不接受真正的現實，你可以怎麼改變自己對這個情況的看法？

情緒可以表達愛

好人害怕兩種情緒：自己的情緒以及別人的情緒。任何強烈的情緒都會讓好人覺得事情失去控制。在他們小的時候，強烈的情緒會招來負面關注，或是根本不會得到任何關注；因此，爲了避免引起過多的負面關注，或是被拋棄，他們會把強烈的情緒掩蓋起來，並自認爲是個不錯的辦法。

還記得剛跟伊莉莎白結婚時，她會跟我說，對於我總不表達情緒這件事，身爲妻子的她覺得很挫折。我就跟大多數好人一樣，把情緒視爲危險的事情。對我們而言，這是個制約。我背負著三十多年來所受的制約，實在不懂伊莉莎白到底想要我怎麼做。

即使當我開始意識到自己的情緒時，我也常把它們藏在心裏。好人們不太可能會想跟他們的伴侶分享自己的情緒，甚至連這種念頭都很少出現。有一次，我跟伊莉莎白提及某個我藏在心中許久的情緒，她質問我：「爲什麼你一開始不告訴我？」

「我已經比以前進步了。」我用好人式的標準答案回她：「這次也才過兩個星期，我就告訴你了。」

我常常聽到好人們藉由聲稱不想傷害別人，來合理化自己隱藏情緒這件事。然而事實上，這種行爲是一種掩護，他們想保護自己，不希望讓兒時不悅的經歷重演。**他們才不是為了防止別人受到傷害才這麼做的，他們不過是想讓自己的世界安穩，讓生活不要失控。**

我常跟他們說：「情緒就是情緒，沒什麼大不了的，殺不死你的。」不管是感到焦慮、無助、恥辱、孤獨、憤怒或悲傷，都不會有生命危險。

教導好人們擁抱他們的情緒，並不是要他們變得軟弱，而是要讓他們知道，**能與自己的情緒共處的男人，才是強大、自信、有活力的男人。**他們大多認爲，擁有情緒是女人的專利，但事實並非如此。這就是爲什麼我非常鼓勵男性應該從別的男性身上領會「情緒」這件事。

雖然沒有一套公式或標準，讓好人新挖掘出被壓抑的情緒，但治療小組可以提供指導、示範，來協助他們完成這個緩慢卻至關重要的過程。治療小組可以在某種程度上扮演類似「家庭」的角色。

在這樣的情境中，好人們可以在處理情緒這方面，尋求到兒時從未獲得過的幫助。情緒是一件複雜的事，透過小組協助，他們可以暫時感受「失去控制的感覺」，然後從中學習：就算事情不受控制，也不代表將會一失足而摔得粉身碎骨；就算周圍的人表達他們的情緒，也沒什麼大不的，自己也不會就此受到生命威脅或死亡。

情緒是生而爲人不可或缺的一部分。學會表達情緒，才能放下人生中無謂的包袱。如此一來，他們會感受到一股新的活力，能變得樂觀、與人親密，也能找到對生活的熱情。

幾年前，我意外學到了這一課。有一天，伊莉莎白跑來跟我說，她倒車時撞到了別人的車子；就像一個壞小孩等著我罵她似的。我都還沒來得及說任何話，她就先築起一道高牆，退到後方來保護自己。

我當時生氣了，但並不是因爲車子撞傷的關係，而是因爲伊莉莎白用這種方式拉開我與她的距離。我直截了當地表達了我的情緒。我沒有羞辱或攻擊她，我只對她說了聲：「停下來！」

這樣強烈的情緒讓我們倆都大吃一驚。我讓她明白我與她同在，也讓她明白我不想要她把我推得遠遠的。我告訴她，我確實在意那輛車的情況，但我更在意我的妻子。我告訴她：「讓我們一起來解決這件事。」

後來，伊莉莎白對我還有她的幾位友人透露，當我展露自己的情緒時，她覺得更有安全感了。她知道我對那輛車的事情感到不悅，卻不會因此而覺得她很差勁，我也不會因此拋棄她。

我不讓伊莉莎白把我推開，態度是如此強烈，這樣反而讓她感到心安，也感受到我的愛。因此，她得以放心地在我身旁，聆聽我對那起意外的感受。整件事讓我們更親密了，我也自此明白，表達情緒能有多麼強大的治癒力。

放下毒性羞恥

練習20

表達情緒的準則：

- 不要把注意力放在對方身上，你不應該想著：「你讓我很生氣。」
- 要為自己的情緒負責，你應該想著：「我很生氣。」
- 不要用情緒性的言語來表達自己的想法，例如：「我覺得他想占我便宜。」
- 注意自己內在的感受，例如：「我好無助，也很害怕。」
- 表達情緒時，盡量用「我」開頭，不要用「你」來開頭。
- 但是要避免使用「我覺得……」這個句子開頭，然後又把注意力放到對方身上了，例如：「我覺得你真的對我很壞。」

別再打安全牌

恐懼是再平凡不過的事。每個人都會經歷恐懼，即便是那些看起來無所畏懼的人，也會有害怕的時候。合理的恐懼是一個信號，告訴我們危險可能正在逼近。但好人每日所經歷的恐懼，並不是合理的恐懼。

對他們而言，恐懼幾乎是寫在細胞裏。他們的恐懼記憶著每一次好似危及生命的經歷；他們的恐懼源自無能爲力的孩提時代；他們恐懼的起因是需求未被及時且明智地滿足。

好人們都已經不敢冒險了，維持現狀這件事還受到了鼓勵，這更是加劇了他們的恐懼。人生既複雜又充滿紛擾，任何形式的改變，都會帶來更多的未知，所以現實也強化了他們的恐懼。我把這種恐懼稱爲「記憶恐懼」。

由於童年時期所產生的記憶恐懼，好人們長大後仍然覺得這世界危險得難以承受。爲了面對這些現實，他們通常會選擇龜著打安全牌。

因爲只敢出安全牌，好人們經歷了許多不必要的痛苦。

■因為害怕新的情境而痛苦。

- 因為窩在舒適圈而痛苦。
- 因為拖延、逃避、無法貫徹始終而痛苦。
- 因為一直用行不通的方式在做事，導致情況越來越糟而痛苦。
- 因為花太多精力在控制難以控制的事情上而痛苦。

諾蘭是個很好的例子，可以說明記憶恐懼如何癱瘓一個人。在一位朋友的推薦下，諾蘭來找我諮商；他與妻子分居一年了，卻遲遲下不了決心離婚。諾蘭常常跟我說他很「迷惘」，而這種迷惘與深深的內疚交織在一起。

他不斷權衡各種問題：要是離婚了，後悔了怎麼辦？要是耽誤了孩子的人生怎麼辦？要是孩子不跟他說話了怎麼辦？要是朋友覺得他很差勁怎麼辦？要是會下地獄怎麼辦？只要諾蘭繼續迷惘，下不了決心，他的人生就處於癱瘓狀態，什麼事都做不了。

我告訴諾蘭，**他並不是迷惘，而是害怕**。一開始他不太認同這個說法，不想要承認自己的恐懼。我們接著開始探討他來自童年的記憶恐懼，他才開始逐漸明白，小時候犯過的錯，似乎都造成了永久的影響；他也相信同樣的情況就算發生在今天，也會依舊如此。

諾蘭害怕做出決定，背後的原因來自他童年時的恐懼，也就是什麼事都處理不了的那種恐懼。我們一起思考，討論他一旦與妻子離婚後，可能發生的事情。每個可能的後果背後，都隱含著諾蘭潛意識裏的信念，也就是他沒有能力應付任何一個狀況。

我讓諾蘭列下所有他害怕發生的情況，帶著這份清單回家，並要他記住：不管發生什麼事，他都會處理好的。接下來那個禮拜，諾蘭自豪地告訴我他已經聯絡律師了。他其實相當恐懼與焦慮，但透過不斷重覆新學到的口號：「我能把這件事處理好！」諾蘭找到了勇氣來採取行動。

面對眼前的恐懼，是克服記憶恐懼的唯一途徑。好人們只要每次都勇敢面對，漸漸地在潛意識裏就會有一個聲音告訴自己：我可以克服恐懼。

如此一來，他們也能開始克服陳年的記憶恐懼。這段過程也能讓外在情況變得不那麼可怕；當外在情況變得沒那麼可怕時，好人就更有信心能克服。而當他們越有信心的時候，生活中的威脅就越顯得微不足道了。

放下毒性羞恥

練習21

列出一個一直在控制你生活的恐懼。一旦你決定面對它，就開始重複對自己說：「我可以克服的，無論發生什麼事，我都會處理好。」不斷重複這個「咒語」，直到你能採取行動，也不再感到恐懼。

「我沒有說謊，只是話沒講完」

大多數好人都爲自己的誠實可靠感到自豪，然而好人的本質上根本不誠實。他們有辦法在說謊、隱瞞眞相的同時，又相信自己是誠實的人。由於不誠實是一種源於恐懼的行爲，說謊與隱瞞眞相表示無法面對恐懼，因此會讓好人們失去他們的個人能力。

我對說謊的定義是：只要沒有說實話就是說謊。大多數人可能會覺得這不是廢話嗎？但重點是我們必須先定義「說謊」與「說實話」，因爲好人們都很擅長創造自己的定義，來爲自己的行爲辯解。

常常都能聽到好人說：「我還算誠實。」或是：「我大多時候都很誠實。」諸如此類的話，但多數人往往沒發現這些用字有多麼矛盾，「還算誠實」，不就表示還是會說謊嗎！他們常常會像小孩子一樣，用這種話爲自己辯解：「我沒說謊啊！我只是沒有把一切通通說出來而已！」

喬爾開了一家建築公司，生意還不錯。有時候他會提早下班，在回家前看一場午後的電影，但是因爲害怕妻子不同意，所以他從不告訴妻子這些事情。而他也早就準備好說詞，以防對方突然的來電。

說來諷刺，喬爾其實完全沒有必要對妻子說謊。他處心積慮隱瞞自己的行蹤，但從沒想過自己這麼做就是在對自己，以及對妻子撒謊。喬爾的謊言換來的結果就是，與妻子的關係存在著長期的恐懼，自己的個人能力也被剝奪了。

我鼓勵好人們在學習說實話時，要特別留意自己最不願讓人知道的事情，以及最不想說出口的事情，因爲這些是他們最有可能隱瞞的事，卻也是他們最應該說出口的。有時他們必須重複練習陳述某件事實，練習到有辦法把所有資訊都說出來爲止。

有時在講出實話以後，好人會說這個舉動是個「錯誤」，因爲有人被他們說的實話激怒了。說出實話並不是什麼神奇的魔法，能讓你擁有順遂的人生，但是，誠實有信用的生活，絕對比欺瞞扭曲的生活來得容易。

培養誠信是擺脫好人症候群的一個重要關鍵。我對誠信的定義是：先決定什麼事情是對的，然後就去做。**不要猜測其他人會認為什麼事情是對的**；因爲用這種方式，很快就會感到迷惘、恐懼、無力，也會變得不誠實。

討論完定義之後，我們來看怎麼做會悖離誠信，以及怎麼做能培養誠信。

有兩種做法會讓你失去誠信，如果好人們從不問問自己：「我覺得什麼是對的？」又總是猜測別人的看法，那他們永遠也不會有誠信。如果他們問了自己什麼是對的，卻不去執行，這樣也不會建立信用。

唯有審問自己什麼是對的，然後去執行，才能變成一個有誠信的人。

練習22 放下毒性羞恥

想想是什麼樣的恐懼，讓你沒辦法說實話或做出正確的事情。請與你信賴的人分享這個情況，然後試著說出實話，或採取必要行動來改正。告訴自己你能把問題處理好。由於說出實話可能會給自己或他人帶來不安，所以也要告訴自己，沒事的，每個人都能安然度過這次的危機。

想要平等關係，你得先畫界限

界限是生存的必要條件，學會設立界限，可以讓好人不再覺得自己像是無依無靠的受害者，也能重拾個人能力。設立界限是我教授給前來參加心理治療的好人們，最基本的技能。

我把鞋帶鋪放在地上來介紹界限的概念。我告訴他們，我會越過這條界限，把他們往後推，並且指示他們，覺得不舒服時就要阻止我。

好人們往往都會站在離界限很遠的地方，這樣一來，即便我已越過界限侵入了他們的空間，他們也會來不及立刻做出反應。等到我開始推的時候，他們還來不及阻止我，就先被我往後推了幾步。甚至有些人會被我一路推到牆邊。

我利用這個練習來告訴他們，在生活中的各個領域都應該要有界限。好人們常常覺得退一步、認輸、維持和平，會讓自己比較自在。他們相信，只要再往後退一步，對方就不會再逼迫了，事情也就會圓滿順利。

對於剛學會設立界限的好人而言，一開始做得太過火是常有的事。他們會不自覺地做得比較極端，就好像神風特攻隊一樣，他們會無所不用其極地守護界限。但他們也會適時地學習到，**只要出必要的力去阻止別人入侵就好了**。

久而久之，**他們也會學到設立界限並不是要別人做出不一樣的行為，而是要讓自己變得不同**。如果有人越界了，那是自己的問題，不能怪別人。

因爲記憶恐懼的緣故，好人們常常會下意識地容忍他們無法容忍的行爲。由於受到童年經歷制約，好人們向周圍的人散發出一種訊息：他們可以容忍自己的界限被侵犯。

當好人們開始正視他們過去是如何放任別人這樣對待自己，並爲此負責時，他們的行爲就會開始有所轉變。等他們不再對自己無法忍受的行爲忍氣吞聲時，周圍的人對待他們的方式才會有所不同。如此一來，人際關係才有機會維持並好好發展。

傑克是一名二十多歲的軍人，他的例子說明了忍氣吞聲會如何扼殺一段感情；設立界限，才有機會讓關係延續。

傑克與妻子奇莎快結婚時，她又跟以前的一個男朋友搞上了。傑克不想失去奇莎，就原諒了她，並承諾絕口不提她不忠的行爲。這樣一來，幾乎就是讓奇莎爲所欲爲了，而傑克則要過著壓抑情緒、戰戰兢兢的日子。他總是要好好衡量自己的用字遣詞，以免「說錯」了什麼，讓奇莎不開心。

有一次，他們夫妻倆與朋友一起出去喝酒，奇莎喝醉了。每當她喝多了，說話就會變得沒有分寸。那一次，她對傑克說了不少羞辱的話，而且整個晚上幾乎都在跟酒吧裏的其他男人跳舞。

忍了很久，傑克終於告訴奇莎，她醉了，該回家了。奇莎對傑克破口大罵，然後繼續勾搭其他男人。傑克氣不過，罵了聲「婊子」後就駕車回家。

第二天早上，奇莎的朋友送她回去。這一整天他都與傑克冷戰。傑克很努力地忍住不要去和她說話，但煎熬了幾小時之後，終究還是爲了叫她婊子的事而道歉了。

同一個禮拜，傑克有點不情願地在不再當好人小組中談到了這件事。小組成員好心跟他分析一些狀況。他們指出，他願意容忍妻子那些乖張的行爲，就等於給了她一張可以爲所欲爲的免死金牌。

他們告訴傑克，問題不在奇莎身上，而是在他自己身上。除非傑克有所改變，否則奇莎是不可能改變的。因爲傑克沒有設立界限，導致婚姻關係無法順利發展。

第二天，傑克承認自己在這個情況中沒扮演好他的角色。他與奇莎挑明的說自己不會再忍氣吞聲；他表明自己的底線，不會再容忍奇莎與其他男人跳舞或調情，也不會再容忍她在朋友面前辱罵他了。傑克告訴奇莎，如果兩人的婚姻要繼續下去，她必須去接受治療，處理酗酒的問題。

奇莎回嘴，告訴傑克沒有人可以對她下指導棋。她收拾行李，當晚就搬去朋友家裏住。傑克在接下來的幾天裏非常痛苦，但他忍住了衝動，沒有打電話去求她回來。受不了的時候，他就打給小組成員聊聊。

第六章

重拾你的男性氣質

這群壓抑著男性氣質的男性，總說像他們這樣的好男人，得不到女性青睞。

二戰後出生的男性，生長在一個不幸的時代，這個時代是西方近代史上唯一一個身爲男人不見得比較吃香的時代。主要是因爲受到戰後家庭與社會變遷的影響：男孩缺乏與他們的父親或其他男性榜樣互動、被迫尋求女性認同，並接受由女性來定義男性價值。

由於這兩個變遷的緣故，許多男孩與男人都開始相信，他們必須隱藏或消除所有負面的男性特質（例如他們的父親和其他壞男人的特質），並且**必須變成他們認為女性所期望的樣子**。對許多男性而言，如果想要被愛、需求獲得滿足、人生得以順遂，這樣的策略是必不可少的。

由於二十世紀下半開始社會變化快速，這種信念已經不是戰後嬰兒潮那代人的專利。我經常看到許多二、三十歲的男性，甚至青少年，都非常明顯地有好人症候群的特徵。男性似乎變得一代比一代被動。這樣的大環境在很多方面影響了他們：

- 缺乏與其他男性交流。
- 沒什麼男子氣概。
- 都有媽寶傾向。
- 太過依賴女性的認同。

缺乏與其他男性（父親）交流

我常常聽到好人們說這類的話：

「我不太習慣跟其他男的待在一起，不知道要聊些什麼。」

「大多數男人都是混蛋。」

「我以前也有過一些好哥們，但因爲老婆的關係，後來很難跟他們出去，所以也就漸行漸遠了。」

「我比較喜歡當個獨行俠。」

許多好人不擅長與男性交流，是因爲他們童年時沒什麼機會接觸到正向的男性。他們和父親通常沒有緊密聯繫，所以從未學會如何與其他男性建立有意義的關係。

好人的另一個普遍特徵就是，他們相信自己與其他的男人不同。這種扭曲的思維源自於童年，因爲他們的父親要不就是壞，要不就是太忙碌，因此他們想變得與自己的父親不同。成年後，好人常常覺得自己跟其他的男性不同（比其他男性還要好），因爲他們相信：

- 自己不是控制狂。
- 自己脾氣很好不易發怒。
- 自己沒有暴力傾向。
- 自己非常關注女性的需求。
- 自己是理想的情人。
- 自己是好爸爸。

只要好人們與男性缺乏交流，或認爲自己與其他男性不同，他們就會失去擁有好哥們的好處，也會失去男性氣質。

放下毒性羞恥
練習24

請檢視前述列表，注意自己用了什麼方式有意或無意地，想要變得與自己的父親或其他男性不同。想想看，覺得自己與其他男性不同的這種想法，是如何讓你與其他男性脫節的？

壓抑男性氣質，不會讓你更受歡迎

我認爲男性氣質（又稱男子氣概）是相當重要的一部分，讓男人得以延續個體、氏族、物種的生存。沒有了這種陽剛之氣，人類老早就滅絕了。它讓男人有能力創造與生產，也讓他們有能力去保護重要的人。男性氣質包含了力量、紀律、勇氣、熱情、韌性與誠信。

男性氣質也代表潛在的攻擊性、毀滅與野蠻。這些特質會讓好人與多數女性都感到害怕，因此他們會格外努力地壓抑這些性格。

大多數的好人都認為，透過壓抑男性氣質的黑暗面，他們就會贏得女性認同。有鑒於一九六〇年代以來瀰漫全美的「反男性氛圍」，這樣的做法似乎有些合理。諷刺的是，**同樣是這群壓抑著男性氣質的男性，卻總說男人不壞女人不愛，或是像他們這樣的好男人，得不到女性青睞。**

許多女性與我分享，她們在好人們身上看不到什麼生命的活力，所以自然也不太會被他們吸引。她們也透露，之所以會比較喜歡壞男人，是因為他們身上有更多的男性優勢。

因為好人們總想避免掉男性氣質的黑暗面，結果連光明的一面也被壓抑了。後果就是，他們失去了性方面的自信、競爭力、創意，也失去了自我、精力、表現欲還有權力。去觀察遊樂場的小男孩，就能看到他們都有這些特質，我相信這些都是值得保留的個性。

好人壓抑男性氣質最明顯的後果之一，就是他們在家庭中無法作主。由於害怕自己的伴侶不高興，也不想顯得控制欲強盛、專制，或是像個糟糕的父親，好人們往往無法成為家中做主的那一方。

因此，幾乎都是他們的妻子在當家。多數與我對談過的女性都表示，她們其實也不想做主，但只能默默接受。

媽寶……母親的有毒關係

大多數好人都會有媽寶傾向。這種無意識的情結，是一種童年發展的現象所造成的結果。讓我來解釋一下。

所有小男孩都會自然而然地愛他們的母親，並渴望將母親占爲己有。健康的父母會幫助他們的孩子成功度過這個正常的發展階段。有了父母幫助，小男孩會開始獨立，不再黏著母親，並開始與男性交流，成年後才能與其他女性發展親密關係。

父母雙方在這個發展階段，都扮演舉足輕重的角色。母親必須知道如何給予足夠的東西來滿足孩子的需求，且不讓他們產生依賴。她們也必須知道如何滿足自己的需求，才不會想利用孩子來填補內心的空虛。

父親則需要在孩子成長過程與他們培養健康的關係。這樣的關係，有助於小男孩從母親溫暖的懷抱之中走出，進入充滿挑戰的男人世界。

如上所述，大多數好人都未曾提及，自己在童年時期與父親有密切的關係。結果，許多人被迫與母親建立起不健康的互動，如果他們的母親易怒、愛挑惕或控制欲強，就很可能會形成有毒關係。

更多時候，會形成這種關係是因爲母親太過黏人、依賴性強，或過分溺愛孩子。

沒有父親的支持，這些小男孩只能獨自面對一個沒得商量的局面。

不管是試圖取悅易怒或控制欲強的母親，或是被母親過分溺愛，都會形成一個狀況，也就是這些小男孩會變成媽寶，沒辦法健康地獨立。

好人從小就被調教成媽寶，他們的伴侶在某種程度上都會發現他們某些方面有點疏離。伴侶們可能不會意識到這與對方與母親的關係有關聯，但他們知道這段感情中總缺少了些什麼。

安妮塔是位年近六十的女性，她的丈夫是個媽寶男。有天她打電話來預約個人諮商，因爲覺得自己的丈夫外遇了，所以需要一些建議。諮商開始時，她坐在沙發上緊張地微笑。

「我覺得我好傻，跑來這個地方，但我就是不知道能跟誰談。我快瘋了，因爲我覺得我老公跟他的祕書外遇了。他雖然否認，可是我總覺得一定有什麼。有太多證據可以證明了。」安妮塔的笑容消失，取而代之的是悲痛的表情。她拿起紙巾擦了擦眼角。

「我老公叫達頓，最近經歷了很多事。他工作壓力很大，經濟狀況也有不好，而且他媽媽去年過世了。他跟媽媽眞的很親近，這件事眞的讓他備受打擊。」安妮塔先是講述了自己懷疑丈夫的不忠，但話題又再次繞回丈夫的母親。

「我認為他和祕書的婚外情，是在他媽媽走後才開始的；感覺好像他需要某些東西來塡補人生的空虛。我很喜歡他媽媽，她人很不錯，但我總覺得達頓跟媽媽的關係比跟我還要好。我是不是瘋了？」她疑惑地問：「竟然跟自己的婆婆吃醋？」

我鼓勵安妮塔多跟我談談達頓的家庭狀況。

「達頓覺得他家除了他爸爸以外什麼都很好。」她繼續說道：「他覺得這當然是他媽媽的功勞，他覺得她是聖人。他爸爸對孩子極度嚴厲。他媽媽才是他們尋求關愛的對象。她眞的很擅長傾聽孩子的心聲，也會陪伴他們。」

安妮塔發現除了能講自己對丈夫的懷疑之外，還能談些別的事情，她似乎鬆了口氣。

「我婆婆死之前，達頓出錢幫他爸媽的家鋪了地毯，還幫他們買了兩張還不錯的躺椅，因為他知道不可能指望他爸去做這些事。他常常開車載他媽媽去她要去的地方，因為他知道他爸不肯。他對待媽媽的方式非常特別，我想是為了彌補她跟爸爸一起度過的那種生活。有一次我很生氣，指責他對他媽比對我還要好，結果他就爆發了。」安妮塔做了一個爆炸的手勢。「他要我再也不要說那種話了。還兩個禮拜不跟我說話。我也明白眞的不能再提起這個話題了。」

安妮塔停頓了一會兒，說道：「你覺得他外遇的事，跟他媽媽的死有關聯嗎？

他那麼愛他媽媽，或許那個祕書填補了他心中的空白。你覺得這個聽起來會不會太瘋狂？」

過於依賴女性認同

因爲受到家庭還有社會的制約，好人們傾向尋求女性的認同。即使他們努力成爲自己認爲女性所期待的樣子，也做了他們認爲女性希望自己做的事，他們在獲得深切渴望的認同這方面，還是會經歷無比挫折。

會有這樣的挫折感是因爲，一般而言，女性會認爲那些試圖取悅自己的男人很軟弱，甚至還會蔑視他們。大多數女性不想要這樣的男人，她們想要的是懂得自己取悅自己的男人。許多女性總是跟我說，**她們不想要一個被動、又總在迎合別人的窩囊廢。**她們想要的是男子漢，她們喜歡能爲自己做決定的眞男人。

擁抱你的睪丸

逃避與男性的交流，以及尋求女性認同，導致好人們無法獲得眞正渴望的人生與愛情。爲了改變這種好人症候群所帶來的影響，他們必須重拾自己的男性氣質。在這個過程中，首先要先相信身爲男人是件好事，並擁抱自己所有陽剛的特質：

- 多與其他男性交流。
- 變強壯。
- 找尋健康的男性榜樣。
- 重新審視自己與父親的關係。

多與其他男性交流

與男性互動交流，對於重拾男性氣質而言相當重要。與男性建立友誼，需要有意識的努力，首先必須先對友誼做出承諾。爲了達成這一點，好好先生們必須願意花時間、承擔風險並適時示弱。

對多數好人而言，沒時間似乎是害他們與其他男性脫節的一大原因。跟鄰居聊天、打電話給朋友、一起去看球賽等，都需要花時間。好人的生活大多脫離不了妻子、家庭或工作，所以，他們必須從這當中抽出空檔。

要跟男性建立友誼，最簡單的方式就是一起參與某項活動。很多事情都能達到這個目標，像是參加體育賽事、加入禱告或討論小組、舉辦撲克牌之夜、做志工、釣魚、跑步，或單純只是膩在一起都行。

艾倫的故事就是個很好的例子，可以說明當好人們決定多與其他男性交流時，會帶來什麼好處。

艾倫一直都沒辦法好好爲自己做件事，特別是與其他男性共事時更是如此。當他開始有意識地解決這個問題時，他得先搞清楚是什麼原因讓他跟其他男性脫節，也要搞清楚有什麼方法可以改變這種狀況。

艾倫做的第一件事就是加入男性治療小組。但他還是花了一年多，才開始嘗試與小組成員以外的男性一起做事。在這個過程中，小組成員能給他反饋，讓他看見防禦機制如何把自己孤立起來。他們也鼓勵艾倫試著改變與妻子相處的模式。

艾倫還加入了健身俱樂部，開始與其他男性打排球和壁球。後來，他甚至帶頭成立了一支壘球隊。一開始，要爲自己抽出時間對他來說相當困難，特別是想到這樣一來要跟家人暫時分開，他更是覺得難受。

雖然花了好幾年，但艾倫現在終於有了一些特別要好的男性朋友，也有了一些會經常碰面的男性友人。他現在甚至每年都會跟朋友去全國各地公路旅行，一同打高爾夫球度過週末。他把與這些人的旅行視爲一年中最精彩的時光。

艾倫與他的妻子瑪麗都認爲，艾倫有意識地與其他男人交流，拯救了他們的婚姻。艾倫以前把妻子視爲情感中心，生活都繞著她轉，並總在取悅她、討她開心。

他心中存在著那無謂的潛藏期待，所以從不覺得瑪麗對他的付出，比得上自己對瑪麗的付出。因此，他常常感到憤恨不滿，也總用消極抵抗的方式對待瑪麗。直到艾倫開始與男性交流，從他們身上獲得情感支持，也滿足了社交需求後，才爲瑪麗減輕了不少壓力。

也因爲艾倫重拾了他的男性氣質，瑪麗開始覺得自己的丈夫更有吸引力了。雖然一開始艾倫不太敢開口跟瑪麗說要出去跟朋友一起玩，但是當他開口之後，瑪麗尊重他的選擇。這種尊重之前從未出現，卻也重燃了瑪麗心中的愛苗，想起了當初剛跟艾倫在一起時的感覺。

艾倫的故事告訴我們，與男性培養友情有許多好處；也許對好人而言，**最重要的好處之一就是能改善他們與女性的關係**。我總是跟他們說：「對你們跟女伴之間的關係最有幫助的事，就是擁有好哥兒們。」

可以從朋友身上得到情感支持，好人們與女性相處的過程就不會那麼黏人，依賴心也不會那麼重，更不會一直想操縱對方，內心也會少了些憤恨。

多結交一些好朋友，好人就不會再那麼渴求女性認同，也不會讓自己的價值交由女性來定義。

如果妻子或女友生氣了，罵他們混蛋，他們還有辦法安慰自己，因為他們知道自己那幫兄弟肯定還是支持他們的。所以，他們也就不會不斷地用迎合討好的方式讓另一半開心。

與男性的友誼有機會能發展成深遠而密切的交情，這是因為跟男生交流，不會存在性方面的目的。好人總怕惹毛自己的伴侶，深怕自己做了什麼事，導致對方不開心就不跟自己做愛了。

可是和男性來往時，他們並不覺得自己有需要去取悅、安撫、撒謊、予以過度關懷或委曲求全，也就是說，他們不需要用自己認為對待伴侶應有的方式，來對待男性。

沒有了性方面的目的，自然就不會有與異性相處時的那種恐懼與扭捏。

終結媽寶情節，得靠男性互動

培養與男性的情誼，能幫助好人擺脫媽寶情結。小男孩會被捲入這種與母親的不健康關係，是因爲父親放任其發生的緣故。所以要改變這種情況，解決方法就是與其他男性培養健康的互動。

我女兒潔米十八歲時的男友就是一個媽寶。這個男孩的父親因爲工作關係經常出差，無法提供他情感上的支持，還非常固執、要求很高；而這個男孩的母親則對他過度溺愛，並把他當成了情感上的依賴對象。

好幾次，潔米都覺得自己就像在跟男友的母親爭奪他的愛與關注。不幸的是，母親對潔米的男友而言是優先順位，所以她通常都能獲勝。潔米嫉妒男友的母親，又跟她爭風吃醋，這整件事感覺也很奇怪。不過，潔米單純把這件事想成男友不過是與母親的關係特別「親密」而已。

某個週五晚上我跟潔米出去吃飯，她跟我提到了必須跟男友母親爭寵這件事，讓她覺得有多麼挫折，偏偏她的男友現在還加入了海軍陸戰隊，正在新兵訓練營裏，不能常常見面了。我同情我的女兒，也跟她分享了一些人生的現實。

「妳男朋友是個典型的好人。」我告訴她：「他深受媽媽的制約，他就是個媽寶。所以很遺憾，他永遠沒辦法全心全意地跟妳在一起，總會有什麼東西擋在你們兩人之間。妳可能會很想知道那個阻礙你們的東西到底是什麼，妳可能會覺得釐清了就知道問題所在了。可是眞正的問題，是他們母子倆的關係。」

潔米聽完我說的話沒有過多激動，對一個十八歲的孩子來說，她的直覺算很敏銳，也明白我說的並無不實。她甚至還跟我分享一些已經發生的例子。

「還有希望嗎？」潔米問我：「他能擺脫他媽媽的束縛，好好跟我交往嗎？」

「有。」我說：「還有希望。他必須先學會跟其他男性交流，而且還必須是用在他爸爸身上行不通的方式去嘗試。」

我告訴她：「我覺得他加入陸戰隊是件好事，有很多機會與其他男性互動。妳也可以支持他這麼做。如果你們繼續交往，甚至結婚，妳都應該鼓勵他多多與其他男性建立友誼。這是終結媽寶情結的唯一希望。」

一個多月後，潔米與她男友的父母一起飛去聖地牙哥，參加男友的結訓典禮。他母親一如既往地表現出對兒子強烈的占有欲和所有權，而潔米意外發現男友有些變化了。

好幾次，他都與母親表明自己的界限，不讓母親繼續黏著他，把情感通通傾倒在他的身上。

潔米可以看出，男友之所以能這麼做，是因爲他在軍營裏結識了幾個好哥兒們，也開始擁抱自己的男性氣質。

放下毒性羞恥

練習25

列出三位你想進一步認識的男性，在每位男性的名字旁邊列出你們可能可以一起從事的活動。接著，在旁邊寫下一個日期，要求自己在這個日期之前聯繫對方。

重拾力量，由身體做起

男性氣質代表著力量和權力。因為受到制約的緣故，好人們往往害怕這些特質，也因此，他們身心靈上都變得比較軟弱。甚至有些好人，還以這種軟弱為榮。許多有在健身或練武術的男生也會害怕自己的力量，這樣的情形我實在也見過不少。

接受自己的男性氣質，意味著接受自己的身體、力量以及個人空間。為了做到這一點，好人們必須停止對自己的身體灌輸垃圾，並開始訓練以應付身為男性的身體需求。

他們必須健康飲食、遠離毒品和酒精、鍛鍊身體、多喝水、玩樂、放鬆，並獲得充足休息。不管是透過跑步、游泳、重訓、練武術、打籃球、打排球或是打網球來維持身體健康，都會在生活的其他方面轉化爲自信與力量。

五十歲的律師崔維斯就是一個很好的例子。最初他來找我是爲了解決婚姻問題，在第一次諮商時我就發現兩件事：第一，崔維斯是個好人。第二，他有酒精與藥癮的問題。

我告訴他，如果不先接受藥物與酒精的檢測、開始戒酒並參加匿名戒酒會，我是不願意繼續幫他諮商的。崔維斯遵守了我的要求，並詢問我是否能加入不再當好人小組。

接下來的幾個月裏，崔維斯與妻子的關係就像溜溜球一樣上上下下的。除了婚姻問題以外，崔維斯還明顯存在一些壞習慣。他幾乎都吃速食，還是個老菸槍，一天還要喝好幾杯咖啡。他的工作時間很長，而且完全沒有在運動。

又在接下來的幾個月裏，崔維斯開始逐一解決這些問題。他開始從工作中抽出時間參加匿名戒酒會，跟其他互助夥伴待在一起。他也決定去做一個拖了好幾年沒做的手術。

而因爲手術的關係，有好幾天不能抽菸，於是他決定利用這個大好機會徹底戒菸。手術後，他開始在午餐時間去散步，水也逐漸多喝了，並減少飲用咖啡跟飲料。他甚至請了一個禮拜的假，與朋友去阿拉斯加釣魚。

在加入不再當好人小組的十個月後，他告訴大家自己正在訴請離婚的消息。因爲生活型態改變以及小組成員的支持，他意識到與妻子之間的關係是他最後的壞習慣，必須改掉。

在他與小組成員闡述決定時，他也透露妻子曾指責這個小組破壞了他們兩人的婚姻。崔維斯笑了笑，抹去眼角的淚水。「還好有這個小組，我覺得我變堅強了。沒有你們的幫助，我永遠沒有機會做出改變，這個小組並沒有扼殺我的婚姻，反而拯救了我的人生。」

放下毒性羞恥
練習26

列出三件你疏於照顧自己身體的情況，並寫下三件你可以好好照顧自己的方式。

找尋健康的男性榜樣

我鼓勵好人們想像他們心目中健康的男性是什麼樣子，也鼓勵他們思考自己想要培養哪些健康的男性特質。當心中有個理想模樣時，他們就能出去尋找擁有這些特質的男性。

這些男性可能就在他們的公司、教會、壘球隊，也可能是某些電影角色。好好觀察這些男性的生活方式，以及他們與這世界互動的方法，好人們可以開始學習這些男性典範身上的特質。

就如同許多好人一樣，我是透過團體方式來達到這個目標。我跟一位擅長做「男人的事」的人交朋友，與一位努力工作的人交朋友，又與一位能自在表達自己感受的人交朋友，還與一位擅長冒險、挑戰自己的人交朋友。

這些人當中，每一位都用自己的方式，幫助我看見身為男人該有的樣子，他們一直是我重拾男性氣質過程中所參考的榜樣。

練習27 放下毒性羞恥

像一下，你認為健康的男性應該是什麼樣子，該擁有哪些特質？把你想到的寫下來。你是否認識具有這些特質的人？你可以怎麼把他們當成榜樣學習呢？

接受與父親共有的男性特質

正如我之前提到的，大多數好人小時候與父親的關係都不是太親密。他們的父親要不就是被動、忙碌，要不就是在他們成長過程中缺席，或是有一些負面性格。要重拾男性氣質，好人們必須以成年之後的眼光，仔細審視自己與父親的關係。

馬修是四十多歲的電腦工程師，有次在不再當好人小組中，馬修說就算父親死了，他也不會去參加他的葬禮。馬修在小組中與大家一起探討自己與父親的關係，幾個月後，他決定直接打電話跟父親問個明白，問他爲什麼沒有邀請自己去參加一個家庭活動。

馬修的母親總是把父親講得十惡不赦，也說她自己就是受害者。跟父親交談之後，馬修發現，雖然父親是有些問題，但也沒有母親所說的那麼壞。因為那次與父親的對談，馬修也意識到自己與妻子正在上演相同的劇情，他把妻子視爲大壞蛋，而他自己是受害者。那通電話不僅開始改變馬修與父親的關係，也開始改變他與妻子的關係。

對好人們而言，重新審視與父親的關係，意味著透過自己的雙眼看清父親眞正的爲人。要不就是把他們從神壇上請下來，或是從陰溝裏拉上來；也就是說，他們可能沒有那麼好，也沒有那麼壞。

好人要勇敢對父親表達自己的感受，就連自己的怒火也必須表達。即使父親已經死了，這個過程仍然很重要。

父親不見得要在場，他是否能承擔這個任務沒那麼重要。重要的是，好人要能夠接受自己與父親共有的男性特質。

我們的目標是要找到一個方法，更正確地看待自己的父親。如此才能開始接受父親的過去與現在，接受他們的眞實面貌；說穿了，他們也是受傷的靈魂。這樣的轉變極其重要，如此一來，好人們才能用正確的方式看待自己、接受自己，並重拾自己的男性氣質。

練習28 放下毒性羞恥

擁抱自己男性氣質的過程，首先要用更正確的角度看待自己的父親。為了促進這個過程，我們必須先做一張表格，左邊列出一些父親的特質，右邊寫下相反的特質。想想看這兩者之間，你是在光譜上的哪個位置。

好人們在做這項練習時，常常會對自己發現的事情感到驚訝。他們往往會發現，自己把父親塑造成一個扭曲而失真的形象。

他們可能會意識到，如果他們自己變成的模樣，是受到自己看待父親的方式所影響，那他們自己本身的形象也是扭曲的，畢竟極端的另一頭，也是極端。

他們意識到，如果自己的人生是對父親的一種反抗，那父親的陰霾就仍然籠罩著他們。他們發現，自己可以變得與父親不同，而不是相反。他們往往也意識到，自己與父親的共同特質，比原本想像或願意接受的還要來得多。

釣魚、修車、運動，現代男孩的成年禮

我在養育兒子的過程中，意識到他們成長的時代，跟我們這個造就許多好人的時代非常相似。男孩與男人缺乏互動，並且過度依賴女性認同。

幾年前，我兒子史蒂夫要升上四年級的那個夏天，我們搬到一個新的地方，我又深深體會到這一點。參加學校的家長日時，整個學校從幼稚園到五年級，只有一位男老師，這個性別比例大概是二十比一。

當一整個年級的老師，在體育館裏一字排開被介紹給家長時，這個畫面相當直接，我已經可以看到小男孩最容易受到影響的成長階段，會在怎樣的環境中度過。

我自己是個正在好轉的好人，所以有獨一無二的機緣可以來傳遞一種男性氣質的新概念，而且不只針對我自己的兒女，還能傳遞給下個世代的所有男孩、女孩。

我在工作中投注於好人們身上的時間越多，我就越是明白，這個過程能有多大的幫助，可以提供給下一代更健康的榜樣和環境，讓他們知道身爲男人與女人的意義是什麼。

不幸的是，我們的文化裏面不存在類似成年禮的儀式，讓成年男性帶領男孩脫離由女性主導的舒適圈（家庭、學前班、學校），進入成年男性的世界。布萊在他

的《鐵約翰》一書中討論了這種儀式的重要性。

他寫道，在某些原始社會中，男孩在青春期之前，幾乎是由婦女撫養。當男孩必須離開女性懷抱，投入男性的世界時，部落裏的男性就會發動突襲。他們會披上戰袍到村子裏去把男孩奪走。

婦女們則會哭泣、抗議，並盡全力抓住她們的孩子。當部落裏的男性成功將男孩們帶出村子接受啓蒙教育後，婦女們便會聚在一起討論：「我剛剛演得怎麼樣？逼眞嗎？」在這些文化當中，男性與女性會一起合作，幫助男孩經歷過渡與轉變的過程。

現今的男孩們，也想要在當前由女性主導的環境中實現這個轉變，但是他們卻無力獨自完成。

我自己認爲，男孩子在青春期時之所以會穿著邋遢、看起來很隨便、表現得很有攻擊性、窩在房間裏、什麼事都愛做不做的、大玩吵死人的音樂、罵髒話、亂吐痰，是因爲他們下意識就是要讓自己這麼討人厭，**要討人厭到連自己的母親也無法忍受。****這樣有助於他們打破與母親的共生關係。**

但就算是這樣，這些小孩還是需要成年男性的協助才行，這樣他們才有辦法在不感到內疚與羞恥，也不會自我毀滅的狀態之下，脫離他們的母親。

我相信有在好轉的好人們，都能幫助男孩們設立一個更健康的榜樣，讓他們明白在我們的文化之中，身爲男性的意義是什麼。這是因爲有些事，男孩終究還是要從成年男性身上才學得到。

當好人能擁抱自己的男性氣質時，他們就可以教導自己的兒子身爲男性的意義是什麼。他們可以教導自己的兒子如何處理自己的攻擊性、如何面對自己的性慾、如何與女性相處、如何與男性交流，或許最重要的是，如何接納自己。男人們可以設立榜樣，並多與自己的孩子互動，來教會他們這些事。

身爲一個好轉中的好人，我也從我兒子還有他們的朋友身上學到不少事情，這些青少年讓我受益良多。我與兒子們在一起時，可以看見男性氣質在他們身上無拘無束地散發。我不僅可以教導孩子怎麼處理與男性賀爾蒙有關的行爲（像是攻擊性與性衝動），也可以從他們身上學會怎麼接受我自己這方面的特質。

這種互惠的過程，需要的是時間與互動。父親必須帶兒子去打獵、釣魚，和他們一起修車、帶他們去工作、去他們的球隊指導、帶他們去看球賽、和他們一起健身、帶他們去出差，當他們想跟朋友們出去時，就讓他們去。這些事都能幫助他們成功進入男性的世界。

這個過程不僅限於親生兒子，也可以和年輕的親戚互動，或是與童子軍、校隊、學校活動中的孩子交流。

特雷是位年近四十的單身男性，有天晚上，他在小組中談到了自己的姪子；特雷的姊姊獨自撫養著這個孩子。特雷對他姪子身上所發生的事相當能夠感同身受，因為他正在經歷一些特雷在他這個年紀時也有過的叛逆，他還有酗酒的問題。小組成員鼓勵特雷向姪子伸出援手，做一個好的男性榜樣給他看。

下一週在小組中，特雷面帶微笑，描述自己帶姪子去五金行的過程，也說了他們兩個是怎麼一起組裝一個工作臺。他的姪子對於有成年男性陪伴互動這件事相當興奮。特雷覺得自己做了正向的貢獻，幫助一位掙扎中的男孩改變方向。

練習29 放下毒性羞恥

你可以怎麼做榜樣給你認識的男孩看呢？列出三個男孩，以及你可以跟他們一起做的事。

讓女兒遠離軟爛男

重拾男性氣質對小女孩也會有好處。我小組中的一位成員，就用一種很有說服力的方式，對我們展示男性氣質對小女孩的幫助。這位成員叫雷馬，他有一位十二歲的女兒，患有骨癌，因此有一條腿必須截肢，還需要接受化療跟放射治療。她在病床上度過了無數個日夜。某個週五晚上，雷馬坐在女兒的病床旁，小組成員驚喜地出現要帶他去吃飯。

這些人在雷馬有困難時給了他支持，同時也獲得意外的收穫。他們的出現，鼓舞了雷馬的女兒，她坐了起來，接受了每個人的擁抱。那天晚上，她需要依賴的藥物減少了，也睡得比前幾個禮拜還要好。第二天，她所談論的都是昨晚來探望她的那群人，她還把這些男士稱爲「我哥兒們」。

好轉中的好人，可以**讓他們的女兒看見真男人是什麼樣子**。女孩子如果能看見她們的父親設立界限、用明確直接的方式表達需求、努力工作、創造、生產、擁有男性朋友，並將自己的需求擺第一位，她們也能因此受益。

和小男孩一樣，小女孩也可以透過觀察自己的父親，以及與他們的互動來理解男性。這種榜樣能爲女孩子帶來積極正向的影響，讓她們在未來選擇伴侶時，有更好的眼光。

締造全贏

好人們重拾自己的男性氣質，能創造一個全贏局面。不僅自己能體會到與其他男性更深一層的友誼，也能與女性培養更理想的關係。也許最重要的是，還能讓下一代的孩子擁有健康的男性榜樣可以學習，並從中獲益。

第七章

美好的親密關係，不該有受害者

他意識到，取悅老婆的做法不只沒有用，
還搞得自己滿腹委屈。

卡爾是位三十多歲，事業有成的商人，在第一次諮商開始時，分析了他自己與妻子丹妮塔的關係。雖然卡爾身高約莫一米九，形象是穿西裝打領帶的專業人士，但他來我辦公室坐在沙發上時，看起來就像個小孩子。我可以清楚看見他在親密關係中的失落與無助。

當卡爾越深入談論他的婚姻狀況，就能越明顯地看出他有多怕丹妮塔。他說丹妮塔「隨時都在生氣」。他還用「沒完沒了」以及「盛氣凌人」這兩個詞，來形容自己的妻子。卡爾也因爲害怕妻子生氣，所以經常對她撒謊，也盡量避免與她互動。

卡爾透露：「丹妮塔很多地方都跟我媽一樣。我媽也很常讓我不開心。反正我就盡量避開她，當她在那邊歇斯底里時我就當成背景音效，不去理會。我變得很會說謊，只要不想讓她知道的事我都會隱瞞。我覺得時至今日，自己都還是很擅長做這件事。」

當卡爾把話題繞回現在的時候，他告訴我：「我的人生什麼都很好，但就是因爲丹妮塔的關係而不完美。我覺得她根本不懂快樂是什麼。」

熟悉的陌生人

一般來說，好人們會來到我的辦公室，無非是為了兩件事。有時是因為一些隱祕的事情把生活搞得七葷八素，而來找我諮商；像是婚外情、色情網站成癮、吸大麻等，甚至還因為這些事跟妻子或伴侶有了感情危機。

但更常見的情況是，為了親密關係中的問題或不滿而找上我；像是伴侶不再與他們做愛，而且有憂鬱、憤怒、疏遠或不忠的情形，甚至是以上狀況全都出現。

這些男士大多以為他們的問題，都能有一個簡單的答案。有些人深信只要別做任何會讓伴侶生氣的事情，一切問題就會迎刃而解。有些則深信，只要能讓伴侶改變，生活就能變得美滿。

請注意：我的個案絕大多數都是異性戀者。雖然我觀察到許多同性戀者也會有類似的感情問題，但我在本章所使用的例子都是以男女關係為主，所以我在提到好人們的伴侶時，使用的代名詞會是「她」。

親密關係往往是好人的罩門，他們常常在這方面有挫折感。大多數好人都表示自己相當渴望能與另一半建立親密關係，並獲得幸福。可是，親密關係對這些男士而言，常常都是一道難解的謎。

好幾年來我觀察了無數位好人之後得到了這樣的結論：

雖然好人們總說自己非常渴望與人建立起親密關係，但他們內在的毒性羞恥感和童年的生存機制，會讓這種關係變得遙不可及。

為什麼渴望的愛總是求之不得？

有許多原因導致好人難以獲得他們想要的愛情。這些原因包括：

- 毒性羞恥感。
- 與伴侶共同建立的關係不正常。
- 不擅長劃定界限又習慣逃避。
- 一再與人建立童年時的失衡關係。
- 沒察覺自己有媽寶傾向。
- 很不擅長結束一段關係。

毒性羞恥感，總怕被看穿

親密關係隱含著自己的脆弱。我對親密關係的定義是「了解自我、被他人了解，以及了解他人」。願意勇敢地向內心探索，將自己坦蕩蕩地呈現給另一個人，才能建立親密關係。內在的毒性羞恥感會讓好人們覺得，暴露自己眞實的一面會要了他的命。

若要擁有親密關係，就其本質而言，好人們必須能看向自我內在的深淵，也讓別人一窺這個祕境。他們要能讓別人靠近，近到能看見自己內心的每個角落與縫隙。然而，這件事會讓好人非常害怕，因爲讓人認識自己，就好像是要被看穿什麼一樣。所有的好人終其一生都在扮演他們腦中，別人所期望的那個樣子，並盡全力掩飾自己所認爲的缺點，而親密關係要求的這些必要條件，剛好都是他們最害怕的事情。

用伴侶的問題轉移注意力

好人總是在隱瞞他們眼中自己差勁的地方，這會讓親密關係變得遙不可及。當進入一段關係時，他們就會開始出現一種平衡行爲。他們害怕自己的脆弱也害怕孤獨，但是必須在這兩者之間找到平衡點，爲此，他們內心總在天人交戰。

脆弱的地方在於，如果有人靠得太近，會看見自己有多差勁；他們非常害怕這樣的事情發生。因爲他們相信，如果別人發現自己有多差勁，別人就會傷害他們、羞辱他們，或者離開他們。

但是將自己孤立起來好像也沒有比較好，因爲這麼做只會讓童年時期那種被拋棄的可怕經驗，再次在生活中上演。

爲了在對弱點以及孤獨的恐懼間找到平衡點，好人們會需要別人的幫忙。他們可以在那些同樣受到傷害，而且也難以獲得親密關係的人身上獲得協助。他們會一起建立一種關係，這種關係會讓雙方都很挫折，卻同時保護他們，讓他們不需面對被看穿的恐懼。

雖然好人在關係中所經歷的問題，很多看似都是伴侶身上的包袱所造成的，但是事實並不是這樣。問題的根源是他們與伴侶共同創造的這段關係。

好好先生們經常會挑選那些看似是自身投射的人來當伴侶，而且他們有時也會選擇問題人物。這些伴侶可能都有一些狀況，她們可能是單親媽媽、有財務問題、易怒、成癮、憂鬱、體重過重、性冷感，或是感情不忠，而也正因爲她們有這些問題，好人才會邀請她們進入自己的人生。

因為只要注意力都在伴侶的問題上，自己內在的毒性羞恥感就沒那麼醒目了。這種平衡行爲會讓好人無法如願獲得親密關係，再怎麼親密也都不是眞的親密。

不擅長劃定界限的哈巴狗

好人在親密關係中的平衡行爲有兩種。第一種是過度投入親密關係而犧牲自我以及其他利益。第二種則是在感情中對伴侶不聞不問，而在別的場合則繼續扮演好人。我把第一種類型稱爲「糾纏型好人」，第二種則稱爲「逃避型好人」。

糾纏型好人會把伴侶視爲情感中心，整個世界都繞著對方轉動。伴侶對他們而言比工作、朋友、嗜好都還來得重要。他們會不惜一切要讓對方快樂。他們會送禮物、幫對方解決問題，百忙之中也要抽空來陪對方。他們甚至能容忍對方的負面情緒、壞脾氣。就算對方都不聞不問或總是拒絕發生性關係也無所謂，這全都是因為他們「深愛著對方」。

有時候我覺得糾纏型好人就像哈巴狗一樣，在餐桌下眼巴巴地抬頭望著，等看看會不會剛好有一些剩菜、肉屑從桌上掉下來。糾纏型好人盤旋在他們伴侶身旁的模樣基本上就像這麼一回事。

他們在等著任何可能的好處，哪怕是對方一點點的「性」趣、一點點的時間、一點點的喜悅，或是一點點的注意力，都不想錯過。就算從桌上掉下來的只是一些殘羹剩飯，糾纏型好人也會認爲是珍貴的好東西。

表面上，這一類型的好人似乎渴望建立親密關係，也準備好擁有親密關係，但這都是假象。他們的盤旋和糾纏，本質上就是要把自己的情感寄生在伴侶身上，不斷吸取對方的生命，來灌注自己內心的空虛。

他們的伴侶也會漸漸發現這件事，因此會想盡一切辦法，避他們能夠接近到足以寄生的地步。所以，糾纏型好人的伴侶，往往會被視爲阻礙他們獲得親密關係的人。

逃避型的好人就更難掌握了。他們似乎把工作、嗜好、父母，還有伴侶以外的一切都看得更重要。在他們的伴侶眼中，他們根本就不像是好人，因爲他們對誰都好，但是對自己枕邊人卻不好。

他們可能會自願去幫別人修車，在週末去幫母親修理屋頂，做三份工作、去擔任孩子的球隊教練。雖然他們不會繞著自己的伴侶轉，也不會去迎合對方，但身爲一個好人，他們內心還是有潛藏期待的。他們認爲，就算自己對對方不聞不問，對方也必須關心他們才行。

糾纏跟逃避這兩種模式，都阻礙了眞正的親密關係。或許這兩種方式能讓好人們有安全感，但是卻不能讓他們感受到愛。

放下毒性羞恥

練習30

問問自己：在目前的關係中，你是糾纏型好人還是逃避型好人？你的伴侶是如何看待你的？你的行為模式有沒有改變過？你在過去經歷的關係中扮演過什麼樣的角色？

重複兒時的模式

被熟悉的事物吸引是人類的天性。因爲這個緣故，好人們成年時創造的人際互動，會反映出他們童年時失調的關係。比如說：

- 如果小時候聆聽母親的抱怨，給了他一種情感連結，他可能長大後會覺得這就是親密關係該有的樣子。為了在他成年後的關係中感受到自己的價值以及親密感，他很有可能會找一個有很多問題的人來當伴侶。
- 如果他從小被訓練要去過度關懷，並幫助依賴心很重的家庭成員解決問題，那麼他很可能會在成年的關係中做一樣的事。
- 如果他相信必須幫助重要的人滿足需求以後，才能滿足自己的需求，他們成年後很可能會為了伴侶而委屈自己。
- 如果他童年時曾被遺棄，那他很可能會選擇情感疏遠或是不忠誠的伴侶。
- 如果成長的過程中，父母其中一方易怒、控制欲強或習慣貶低子女，他們很可能會選擇有類似特質的伴侶。

有時候，好人們選擇來一起建立童年時那種不健康關係的對象，在一開始並不是他們想要的那個模樣，如果是這種情況，他們甚至會「幫助」對方變成自己需要的樣子。

他們可能會**把父母的一些特質投射到伴侶身上**。他們可能會假裝自己的伴侶就是他們想像的那個模樣（就算對方根本不是這樣）。他們潛意識裏失調的需求，可能會迫使他們的伴侶，以同樣不正常的方式做出回應。

例如說，在我小時候，我從來不知道父親在我踏入家門時會是怎麼樣的心情，但他通常心情都不太好。我開始學會在回家前做好最壞的打算。

後來，我在婚姻中重現了同樣的模式。我把我父親不可預測的情緒，投射到我妻子身上，每次回家前都做好她正在生氣的心理準備。有的時候她心情明明很好，但我的防衛心，總會挑起我們兩人之間的衝突。漸漸的，伊莉莎白就越來越像我那總是在生氣的父親，而我也延續了這個熟悉卻失調的關係動態。

放下毒性羞恥

練習31

我們傾向於被那些，具有父母身上一些最糟糕特質的人所吸引。與其為你無意識的選擇來責怪伴侶，不如想一想她是用什麼樣的方式，在幫助你重塑童年時熟悉的關係模式。請與你的伴侶分享這件事。

媽寶，無法和其他女性建立關係

好人的媽寶傾向，嚴重阻礙了他們在成年後與伴侶建立親密關係的可能性。好人們會找辦法來維持這種童年時期產生的情結，而且在這方面他們很有創意，方法有千百種。但這些方法都有一個共通點，那就是保證自己沒辦法跟母親以外的女性，建立起眞正的親密關係。

放下毒性羞恥
練習32

好人們往往不自知自己是個媽寶，下列是他們為了維持跟母親的關係會做的事。檢視這份列表，看看哪些可能也是你正在遵循的行為模式。請與信賴的人聊聊這個話題。

- 過度投入於工作與嗜好。
- 與問題人物建立關係。
- 藥物或酒精成癮。
- 性成癮，著迷於色情影片、手淫、性幻想、色情電話、嫖妓。
- 外遇。
- 性功能障礙、欲望低落、勃起困難、硬度不足或早洩。
- 與易怒、不健康、憂鬱、有強迫症、成癮、不忠、情感疏離的女性交往。
- 避免性交或是誓言單身。

不擅長結束關係

最後，好人之所以很難得到他們想要的愛情，是因爲他們花太多時間來維持一段差勁的關係。基本上，好人們都有一個陳年的問題，那就是在錯誤的地方找愛情。如果他們把時間都花在一段差勁的關係裏，那他們根本沒有機會去找到下一個更好的。

健康的人如果意識到現在這段關係並不合適，或是選擇的伴侶缺乏他們期望的特質，他們能夠理解、接受下一個會更好，並繼續往前行。但是好人卻不會這麼做。因爲他們所受到的制約在作祟，**好人們只會不斷努力想讓不可行的事情變得可行，或是想辦法讓別人變成另一個模樣**。這種傾向，會讓所有跟他們有關係的人都感到相當失望。

就算好人想嘗試結束一段關係，他們也根本不知道該怎麼做。他們往往開始得太晚，並用迂迴、責備或欺瞞的方式，試圖結束一段關係，而且都不會一次就成功。我常常開玩笑說，平均而言，好人要分手九次才能結束一段關係，可悲的是，這跟事實相去不遠了。

沒有人想嫁給會任人欺負的傢伙

世上沒有完美的關係，也沒有完美的伴侶。感情這件事本來就是複雜又充滿挑戰的。本章節的第二部分並不是要教你怎麼找到一百分伴侶，或是怎麼建立完美關係。只是提供有效的策略，教導你們應該要做可行的事情。

習慣以下幾件事，改變自己的生活型態，好人們就能改變自己維持一段感情的方式：

- 認同自己。
- 把自己擺第一位。
- 對信賴的人自我揭示。
- 拋下潛藏期待。
- 為自己的需求負責。
- 放手。
- 活在現實之中。
- 表達情感。

- 培養誠信。
- 設立界限。
- 接受自己的男性氣質。

前幾章舉例說明當好人開始改變生活時，人際關係會發生什麼變化。接下來讓我們更仔細研究一下，如何應用這些生活策略，幫助好人獲得他們想要的愛與關係。

滿肚子委屈，因為你只想著討好老婆

要從好人症候群中恢復，本質上你必須有意識地決定照著自己的意願過活。我常常鼓勵好人們毫無保留地做自己。我相當支持他們自己決定什麼適合自己，並盡全力達到那個目標，讓全世界都看到。

喜歡他們真實面貌的人自然會留下，而不喜歡的也會離去。這就是建立健康關係的不二法門。沒有人眞心願意相信自己必須僞裝、隱瞞眞實的面目，才能受人喜歡，才能讓人留下。然而，這件沒有人願意眞心相信的事，卻是好人在親密關係中常見的行爲模式。

喬治的故事能充分告訴我們，當好人決定開始取悅自己，不再討好伴侶時，會發生什麼事。

在他與妻子蘇珊的關係中，喬治的首要目標就是讓妻子開心。這五年的時間裏，喬治放棄了自己最愛的打獵與釣魚，也跟朋友漸行漸遠，還把自己的財務控制權交給了蘇珊。他也贊成蘇珊離職，因爲她說自己在工作中並不快樂。這些變化是慢慢發生的，一切都是爲了取悅蘇珊。

然而，蘇珊卻還是不怎麼開心。喬治加入不再當好人小組時，他提到他覺得很無助，也心有怨懟，因此準備要離開蘇珊了。喬治認爲是蘇珊害他這麼沮喪的。前幾個禮拜，喬治都在抱怨他的妻子。最後，小組成員開始要求喬治停止扮演受害者的角色，他們告訴喬治應該做出改變，而不是一味地責備蘇珊。

又過了幾個月，喬治開始有些變化。最重要的改變就是他刻意停止取悅蘇珊。他意識到，**取悅老婆的做法不只沒有用，還搞得自己滿腹委屈**。

一開始，喬治先是每個月空出一個週末去打獵或釣魚。蘇珊如果想方設法要操縱他，或是讓他感到內疚時，他都會把持住、堅持出門。

接下來，他不再把薪水全數上繳給蘇珊，而是開始給自己零用錢，愛怎麼花就怎麼花。當然這也讓蘇珊很反感。也許最驚人的一步是，喬治還制定了預算表，告訴蘇珊，如果她想要更多可以控制的收入，就應該回去職場工作。

有趣的是，情況開始有所轉變，有兩件事情開始變得不一樣了。首先，喬治覺得自己不再像個受害者了，他甚至開始對蘇珊有越來越多的好感。而蘇珊也開始爲自己的生活負責，變得不再依賴喬治。

在小組待了一年以後，喬治分享他變得越來越快樂，婚姻有了很大的改善。他認爲這都要感謝各位小組成員，是大家讓他找到勇氣、開始取悅自己，也不再一心一意只會討好蘇珊。

練習33
放下毒性羞恥

列出一些你經常用來討好伴侶的行為。假如你不用擔心要如何讓對方開心，你會做出什麼改變？

親密關係，也要設立界限

第五章介紹了界限的概念。對好人而言，最需要設立界限的，莫過於他們的親密關係。設立與伴侶之間合理的界限，好人們才能夠創造出一個雙方都感到安全的空間，讓彼此都願意展現自己的脆弱，並體驗眞正的親密關係。

我常常在好人們的伴侶也在場時，示範如何設立界限。好幾次我在示範的過程，某位先生的妻子會爲我鼓掌。這位先生會轉過身來瞠目結舌地對他的妻子說：「親愛的，妳是要我這樣對待妳嗎？」

「沒錯。」她回道：「我不希望我嫁的人是一個會任人欺負的傢伙。」

然後我告訴這位男士：「你的妻子正在跟你說實話。**你這樣任人越線其實讓她很沒安全感**。她希望你能大方告訴她，什麼可以接受什麼不能接受，這樣她才能在這段關係中感到安全。但有一個前提是，她會先測試你，看看你是不是認眞的。你第一次對她設立界限時，她可能反應會比較激烈、會更想越線，並告訴你，你這樣做不對。她會盡全力測試你所謂的界限是眞的還是假的。」

好人若能學會在感情中設立界限，就能讓另一半感到安全。一般而言，**女性有**

安全感時，就會有被愛的感覺。對她們而言，如果你敢挺身捍衛自己的界限，才表示你有那個膽量，在必要時挺身捍衛她們。

設立界限也會讓他人開始尊重你。如果好人們沒辦法設立好自己的界限，他們的伴侶就會覺得，既然你都不懂得尊重自己了，那我何必尊重你？

爲了幫助好人判斷，他們是否需要針對某個特定行爲設立界限，我教導他們運用「第二次約會法則」。怎麼運用第二次約會法則呢？

好人必須問自己：「如果這種行爲在第二次約會時出現了，那第三次約會的時候是不是又會再出現呢？」這個問題可以幫助他們釐清，自己是不是正在忍受一些不應該忍受的事情。

在思考如何面對自己不能忍受的行爲時，我鼓勵他們應用「健康男性法則」。其實這就是一種經驗法則，他們只需要問自己：「正常的男人會怎麼處理這樣的情況？」

有趣的是，光是問這個問題，往往就能喚醒他們的直覺與智慧，幫助他們獲得需要的力量，來作出適當反應。

等到好人們明白自己在必要時都能設立界限，他就有能力吸引別人靠近、產生情感，甚至性慾。他們有能力大方面對這些事情，因爲他們有了信心，知道自己只要覺得不自在時都可以說出：「住手！」、「不要！」或是「我們慢慢來。」甚至也知道自己大可轉身離開。

他們終於明白其實可以按照自己的意願、用自己的方式來照顧自己。

放下毒性羞恥
練習34

在你的感情關係之中，你是否在某些地方難以設立合理的界限？你是否會：

- 忍氣吞聲。
- 因為害怕衝突而逃避處理問題。
- 不敢要求自己想要的事物。
- 犧牲自己委曲求全。

如果你在這些情況中運用了第一次約會法則以及健康男性法則，你可以怎麼改變自己的行為模式？

其他建立幸福、健康關係的策略

除了先前提到的各種方法之外，還有一些其他策略，可以幫助好人獲得他們渴望的愛情。這些策略包括：

- 把注意力放在關係本身，而不是伴侶身上。
- 不要再去強化那些令人厭惡的行為。
- 做些不一樣的事。

「為什麼我當初會選擇她？」

受傷的靈魂，彼此會互相吸引。好人們在感情中，常常會選擇那些看似比自己更有問題的伴侶。這樣會形成一種危險的錯覺，也就是會認爲兩人之中，其中一方更有病。

其實這樣相當病態，健康的人是不會被不健康的人吸引的，反之亦然。我經常跟夫妻或情侶們說，如果你感覺關係中一方很明顯是有問題的，那你就錯了；有這種感覺代表雙方都有問題，沒有例外。

我與伊莉莎白一開始交往時形成了一個共識：她是破碎的那一方，而我是健康的那一方。這樣的劇本對我們兩人而言都相當合理，直到她去諮商之後，事情開始有所轉變。有一天，她接受治療完回到家，她向我宣布說她發現我們都一樣是破碎的。我無法接受「破碎」這個說詞，所以我回應她：「妳錯了，妳發現的應該是我們一樣健康才對。」

我們的共識，讓彼此能在關係中扮演兩人各自習慣卻不正常的角色。不幸的是，在伊莉莎白開始對現況持疑之前，這個共識也導致我們之間沒有眞正的親密關係。我已經聽過無數位好人說，他們有過像我跟伊莉莎白那樣失調的關係。

這些人相信自己的伴侶「生病了」，因爲對方的失調，他們成了關係中的受害者。這種錯誤的想法，讓雙方都被困在反覆而無謂的行爲模式之中。

如果能把注意力著重在關係本身，而不是伴侶身上，好人就能夠藉由他們的伴侶來回想童年時被遺棄、被忽視、被虐待和被打罵的經歷，並利用這些訊息，好好思考爲什麼自己會與人建立起現在的這種關係。這個過程能幫助他們做出改變，進而獲得理想的親密關係。

好人們不該再說：「要是她……不就好了！」而是應該問自己這些問題：

「爲什麼我需要這種關係？」
「這種關係是如何讓我扮演熟悉的角色？」
「這種關係是怎麼讓我滿足潛意識的需求？」
「爲什麼我會想讓這個人進入我的人生？」

當好人開始問自己這些問題之後，他們就有辦法把另一半視為一起治癒心靈的夥伴。這麼一來不只能改變他們對伴侶的觀點，也能幫助他們解決阻礙親密關係的童年問題。

本章節開頭提到了卡爾，還有他的妻子丹妮塔，也談到丹妮塔似乎與卡爾的母親一樣難以取悅、冷淡又愛挑惕。卡爾從來不知道他的母親什麼時候會生氣、批評他或羞辱他。成年以後，他也與丹妮塔建立了類似的互動關係。

當丹妮塔生氣時，卡爾會啓動童年的生存機制來應對，像是迴避和退縮。卡爾會指責丹妮塔，說她「總是在生氣」，而他也總是戰戰兢兢地避免讓她不開心。卡爾會告訴自己：「我不應該這樣活受罪。」然後他就會退縮，並在腦海中創造逃避的情景。

當卡爾開始把丹妮塔當作「禮物」時，這種關係就會開始轉變。他開始相信丹妮塔進入他的人生，是來幫助自己的，幫助他處理舊時的問題，幫助他排除掉面對愛批評又愛生氣的人時所產生的恐懼。

卡爾在心境上有了這樣的轉變之後，許多事情也跟著變好了。他開始爲自己的童年經歷感到悲痛，他也能夠正視丹妮塔，不再恐懼與退縮。當他明白丹妮塔的憤怒也是來自童年的創傷時，對方似乎也開始好轉，不再那麼常對他生氣了。改變對妻子的看法後，卡爾覺得自己越來越愛她了，兩人的關係也大幅改善。

練習35
放下毒性羞恥

下次覺得自己對伴侶感到失望、怨恨或憤怒時，問問自己這些問題：

「我為什麼選擇了她？」

「我應該從這件事學會什麼？」

「如果我把這些不悅的情況視為禮物，我的看法會怎麼改變？」

不餵壞狗狗吃骨頭

幾年前，我和妻子買了一隻剛出生不久的威瑪犬，我們認爲，如果要在家裏養這種大型犬，那就必須送牠去寵物訓練機構，訓練服從。我們從中學到的第一課就是，眞正該學會服從的是我們。我們發現，大多數的寵物犬如果不聽話，那是因爲牠們的主人不懂、不會教，也沒有設立規矩。

很多時候，人跟寵物沒有太大區別，人也是一樣被怎麼訓練，就會有怎麼樣的行爲。例如說，有一隻狗在地毯上撒尿，而牠的主人卻在這時餵牠吃東西，那這隻狗就會繼續在地毯撒尿。這個道理也適用於人類。如果好人在伴侶出現討厭的行爲時還給予鼓勵，他們就會繼續依然故我地做這些討人厭的事。

好人們的做法其實很諷刺，他們希望感情關係能夠穩定，不要有任何問題，所以大部分時間，如果他們的伴侶難過、沮喪、憤怒，或出現麻煩，他們會馬上跳進去處理，想要改善這些情況。他們覺得只要這麼做問題就會消失，一切都會恢復正常。殊不知這樣的行爲，無異於給一隻在地毯上撒尿的狗吃東西。

每次在處理那些他們討厭的行爲時，**好人的反應其實都是在強化，並增加那些行為再次發生的可能性。**例如，喬的妻子經常爲了與同事之間的問題，下班後擺著臭臉回家，什麼話都不說。這種情況讓喬很苦惱。

爲了不要那麼焦慮，喬會問他的妻子發生了什麼事。哄一哄之後，她就會用上幾個小時的時間，向喬訴說自己在工作上遭受的不公平對待。喬會專心聆聽並提供有用的建議，期望這麼做，妻子的情緒會好一點。

這些做法或許能暫時緩解焦慮，卻會造成長遠的問題。每次喬詢問妻子發生什麼事，聆聽幾個鐘頭後，他會開始爲妻子提供建議。這些做法，實際上是在強化那些他無法接受的行爲。

我們從寵物訓練機構那裏學到，**如果想讓一個不好的行為消失，就必須停止關注它，人際關係中也是如此。**

跟多數好人一樣，喬覺得自己是關係裏的受害者，受妻子的行爲荼毒。他沒有意識到妻子會反覆出現這些不可取的行爲，他自己也有責任。當治療小組的成員向他指出這個事實時，他才決定採取一些不同的做法。

下次他的妻子又悶悶不樂、一語不發地回家時，他也什麼話都不說；默默地吃了晚餐，然後走到車庫裏。雖然他非常焦慮，但他忍住了想要幫助妻子解決問題的衝動。當晚他躺在床上時，那震耳欲聾的沉默，讓他輾轉難眠。

第二天早上，這樣的沉默仍繼續著。喬很擔心這種情況會一直持續下去，爲了緩解自己的焦慮，他嘗試稍微跟妻子談談，但是對方也只簡單用一、兩個字回應他後，就去上班了。

那晚，彷彿奇蹟發生一般，喬的妻子回家時心情很好，還問了喬要不要出去走走。在外頭散步時，她跟喬分享自己是怎麼解決前一天工作上的困擾。喬跟妻子透露，前一天晚上，他沒有試著幫她解決問題，其實他自己也不好過。他的妻子回說，她也不希望他來做這些事，她想要的只是多一點空間，讓她自己來解決問題。

別再和相同的人交往

我鼓勵那些關係已經快要走到盡頭，或者目前還單身的好人，在開始一段新關係時，試著採取一些不同的做法。感情是一件很複雜的事，一路上本來就會充滿顛簸與曲折，不可能完全平順，但是我們沒有必要讓這條路變得更難走。

我非常鼓勵好人們在這方面多試試不同的事情。我的意思是，應該要改用合理與健康的方式，來建立並維持一段感情，而不是無意識地又建立起一段失調的關係。

嘗試不同的做法，意思就是要你去選擇有別於以往伴侶的人來建立關係。不斷去修補或改善問題，在面對一輛壞掉的汽車時，或許是不錯的做法，很有挑戰性；但面對一個本身就有問題的伴侶，可就不見得那麼有趣了。

好人們有一種傾向，就是會去選擇有問題需要處理的人來當做伴侶，這起因於他們本身的不安全感。因爲他們想不透，一個健康獨立的人怎麼會想跟他們在一起，所以他們會選擇這種「粗糙的鑽石」，認爲只待自己加以打磨，就能把對方變成理想的伴侶。

他們偏好挑選那些童年悲慘、遭遇過性虐待、情史波折、憂鬱、財務有困難、體重超標，或是生活不易的單親媽媽來當伴侶。然後，再用他們的潛藏期待來維持這段關係——不斷地去處理伴侶的問題，過度關懷對方並討好對方。一切的一切，都是希望這樣的「打磨」能讓對方變成一顆閃亮的鑽石。不幸的是，這種策略通常都沒什麼作用。

好人若能開始找尋健康、沒有問題的人來建立關係，就能提高找到理想愛情的機率。這個意思並不是要尋找完美的伴侶，只要找到一個已經能夠爲自己的生活負責的人就夠了。

長久下來，我的小組成員們提出了以下特質，在建立新的關係時，要有意識地尋找具有這些特質的人（無特別排序）：

- 熱情。
- 正直。
- 快樂。
- 聰明。
- 在性方面有自信。
- 為自己的財務負責。
- 注重個人成長。

如果目前的伴侶，以上述列表來看表現不佳的話，好人可能會感到不安。但這並不意味著他們必須拋下手中那支花朵，去尋找別處的芳草，他們應該是要先從自己本身探尋，**釐清自己的行為模式，想清楚為什麼要與現在的伴侶建立這樣的關係。**我非常鼓勵他們這麼做。

如果他們還是執意需要這樣的關係，那麼尋找新的伴侶就不是解決辦法。我發現，當好人開始面對自我，處理自己失調的行爲模式之後，他們的情感關係也會開始有所變化。有時候，這些變化會讓他們重新評估，是否眞的要結束這段關係了；而有的時候，這些變化會讓他們明白確實該採取行動了。

但要特別注意，這份清單所提供的特質，並不是什麼萬能的公式，畢竟世上沒有完美的人，也沒有完美的關係。不過，若是有意識地在未來尋找伴侶的過程中，留意上述特質，好人們可以爲自己省去許多麻煩，也有更高的機率能找到自己尋尋覓覓的人事物。

嘗試不同的做法，也包括在一段新的關係中，先不要急著發生性行爲。必須給自己一點空間，在眞正了解一個人之前，不要和對方上床，才能準確地評估這個人是否具有上述特質。

一旦發生了性關係，互相了解就停止了。性愛會建立起強大的連結，以至於在評估一段關係是否合適時會失準。好人有可能會發現新的伴侶身上有難以接受的特質與行爲，但如果已經發生了性關係，這些問題就很難解決了，甚至要結束這段關係也會變得更不容易。

接受挑戰

好轉中的好人，絕對可以擁有充實的親密關係。人生就是個挑戰，感情關係亦然。只要能好好運用本書指導的策略，就表示好人們願意接受這樣的挑戰，最終也將獲得他們渴望的愛情。

第八章

什麼叫做愛？關於性的祕密

他告訴未婚妻，只要能讓她高潮，自己舒不舒服都無所謂。

把這本書中所有關於好人的內容——他們的羞恥感、委曲求全、對認同的渴求、反其道而行、迂迴、過度關懷、潛規則、控制欲、恐懼、不誠實、在接受上的障礙、失調的關係，以及低落的男性氣質——通通丟進一個大罐子裏，搖一搖，打開蓋子，再往裏面看，就能一窺他們在性方面的失調。

對好人們來說，性這個層面集結並放大了他們所有被拋棄的經歷、毒性羞恥感以及失調的生存機制。我想我敢說，我所接觸過的每一個好人，在性方面都有一些嚴重的問題。這些問題表現在許多方面，最常見的是：

獲得的不夠多：這是目前對好人而言，在性方面最常見的問題。最主要的原因似乎是因爲，他們的伴侶對性比較壓抑、不願給予，又或者是他們本身就難以交到女朋友的緣故。

將就：即便性生活讓他們不滿意，他們也會選擇將就，因爲他們覺得至少比完全沒有性生活還要好。同樣的，他們往往把這個問題怪罪給伴侶。

性功能障礙：通常症狀是勃起困難、不持久或早洩。

性壓抑：有些人聲稱自己對性沒有興趣。但往往實際上，這些人都有某種形式的「性活動」，而且他們認爲最好不要讓人看到。

強迫性性行爲：這可能包括過度手淫、色情片成癮、外遇、脫衣秀、色情電話、視訊性愛和嫖妓等。

把這一切都放在一起看，就能發現其實這一群男性的性生活相當匱乏，或沒有愉悅的性經驗。儘管大多數好人傾向把問題怪罪在自己以外的因素之上，但往往他們自己本身才是主因。說白了，性生活不滿，是他們自己的責任。

好人們在性方面的問題與兩件事有直接關聯：羞恥和恐懼。根據我的經驗，這大概是他們最無法想通的事，也是最無法接受的自己。因爲很重要，所以我再說一遍，所有的好人都對性還有性慾這兩件事感到羞恥和恐懼。

如果剖開他們的大腦，找到潛意識裏掌管性的那個部分，就會發現：

- 那些讓他們覺得自己很差勁的童年經驗。
- 需求未被及時且合理滿足的痛苦。
- 在性生活不如意的父母身邊長大。
- 這個混亂社會對性的扭曲和幻想。
- 沒有性方面正確的資訊。

- 千百年來受到宗教影響而產生的性罪惡感和羞恥感。
- 媽寶傾向的影響。
- 性侵的創傷。
- 早期祕密性經驗的記憶。
- 色情作品中扭曲、不真實的身體以及性的意象。
- 隱密、強迫性性行為的羞恥感。
- 過往在性方面表現不佳或被拒絕的記憶。

美好性生活的阻礙：你不懂什麼叫做愛！

每當好人有性慾，或是面對性的時候，都必須與這些潛意識裏的包袱交戰。他們找到許多方法，用來逃避自己對性的羞恥與恐懼，並轉移注意力，這些方法都還挺有創意的。不幸的是，正是這些逃避與轉移注意力的機制，讓他們無法擁有美好的性生活。這些機制包括：

- 避免有關於性的情境以及發生性行為的機會。

- 試圖當個好好情人。
- 隱藏強迫性的性行為。
- 壓抑自己的生命力。
- 將就不良的性生活。

陰道恐懼症：想盡辦法不做愛

雖然聽起來很奇怪，但好人們有許多有創意的方式，來避免發生性行爲。我創了一個詞來描述這種傾向，叫做「陰道恐懼症」。陰道恐懼症是一種症候群，有這種症狀的人，會盡量避免讓陰莖進入陰道，或者一旦進入了，就儘快抽出。雖然這種生存機制可能有助於保護好人，讓自己不必經歷羞恥與恐懼，但也同時讓他們不會有太多性生活的機會。

艾倫就是個典型的陰道恐懼症患者。他因爲慣性在婚姻之外與他人建立以性爲基礎的關係，所以開始接受治療。雖然他曾與其中一些約會對象發展到非常「深入」的程度，但都還是沒有做完全套。在他開始偷偷與妻子的朋友亂來之後，問題就接踵而來。他的妻子在他外套口袋裏發現了一張字條，讓他罪證確鑿。

在治療過程中，艾倫透露自己喜歡受到女性關注。他表示自己在社交場合總覺得與女性互動比較自在。久而久之，可以很明顯地看出，因爲童年經驗的制約（包含他的媽寶傾向、他想表現得與父親不同的決心，以及基本教義派的影響），艾倫找到了許多有創意的方式來獲得女性注意；與此同時，他也避免將陰莖放入她們的陰道裏。

我把好人的這種行爲，稱爲「無性交式的調情」。他們只要不把陰莖放入陰道裏，就能在享受各種肉慾歡愉的同時，**說服自己並沒有發生過真正的性關係，也沒有做錯任何事情**。

有一次，艾倫在小組中分享了這種行爲的例子。某次出差時，與一位他覺得很有吸引力的年輕女同事同行。旅途中，他們互相調情，舉手投足間也充滿了性暗示。有天晚上，他們在酒吧裏聊著彼此的生活，那天晚上他們還一起跳了些慢舞。

第二天晚上喝了酒後，這位女同事邀請艾倫到她的浴缸共浴。她穿著撩人的比基尼登場，在浴缸裏她坐上艾倫的大腿，兩人激情擁吻。對方邀請艾倫上她房裏，雖然艾倫已經慾火焚身，但他還是拒絕了對方的邀請，因爲他不想毀掉他們的「同事關係」。

這個故事充分展現出了艾倫這一生一直在避免陰道性交的行爲。艾倫高中時交過幾個女朋友，可是每當她們認眞起來想發生關係時，艾倫就會有窒息感，於是戀情也就不了了之了。

艾倫把妻子描述成一個性冷感的人，造成這種情況的原因是艾倫從來不會直接提出性方面的要求。他覺得女人會認爲性愛是不好的事，而且他相信如果自己太直接讓她們知道他想做愛，會讓她們覺得他這個人很糟糕。

艾倫總用妻子不給當作藉口，爲自己與其他女性亂來的行爲辯解。比較有趣的一點是，艾倫有個一貫的訣竅，他只會跟那些不太可能會跟他性交的女性調情。偶爾他也有看錯的時候，但他總會找到很好的理由搪塞，就算前戲已經開始了，也不會跟對方完成性交。

好好情人：性愛變成例行公事

許多好人認爲自己是相當不錯的情人，並引以爲傲。當個好好情人可以是他們價値依附的一個手段，讓自己感覺有價値。它也可以是一種用來說服自己與其他男性不同的方式。

同時，它又是一個有效的機制，幫助好人在做愛時分散注意力，讓他們不用一直注意到自己內在的羞恥以及恐懼。只要他們能專注於伴侶的性慾與歡愉，就不會一直注意到自己的毒性羞恥感、自己的匱乏，以及令他們畏懼的窒息感。泰倫斯這位三十多歲的好好先生，就是一個很好的例子。

「我有早洩的困擾。」泰倫斯第一次治療時告訴我：「我第一任妻子跟別的男人跑了。這個打擊真的很大。還好我遇到了一個美麗、知性又性感的女人。我們訂婚了。但是有一個問題，我每次都太快射了。她真的讓我很興奮，沒辦法，真的太興奮了。」

泰倫斯繼續描述跟未婚妻做愛時，都是怎麼取悅她的。每次他們做愛的時候，泰倫斯都會努力讓他的未婚妻高潮兩、三次。在把陰莖插進去之前，他會先用嘴巴幫她，接著再放進去，努力讓她再達到一次高潮。然而很可惜，泰倫斯常常在讓女方達到最後一次高潮前就射出來了。泰倫斯表現得相當無私，他告訴未婚妻，只要能讓她高潮，自己舒不舒服都無所謂。

「除了這個以外，我們兩人的一切都很好。」泰倫斯說道：「她的孩子喜歡我，她的父母也喜歡我，她也說她喜歡我的一切。但就是這個問題讓我很困擾，她覺得我們之間好像少了點什麼，也不太想跟我做愛了，甚至還在考慮把婚禮延後，等我能把這個問題解決再說。」

通常像泰倫斯這樣的男人，都沒有意識到努力當個好好情人的過程會錯過多少東西。嘗試當好好情人過程，無疑是在讓性愛這件事變得無聊。**在性愛中只專注於服務對方，會讓性愛變得像一種例行公事**，不斷重複上一次性愛中成功讓對方開心的做法。

當個好好情人注定是不會有太多激情的。性愛應該是互惠的、自然而然的親密體驗。這種做法絕對不是理想的性愛祕訣！

無法告人的性祕密

想像一下，如果能研發一種藥物，可以用來消除孤獨、治癒無聊、減輕自卑、平息衝突、創造被愛的感覺、緩解壓力，且能解決各種普遍的個人問題，那該有多好！鐵定能大賺一筆。這些好人們相信確實存在這樣的藥物，他們把這種藥物稱爲性愛。

許多好人在小時候就發現性興奮是一種分散注意力的好方法，讓自己可以暫時脫離童年時的孤獨、不安、不切實際的要求，以及被遺棄的經歷。不幸的是，當他們把這種尋求安全感的方式帶到成年以後，會阻礙他們與另一個人的親密體驗，也會讓他們無法獲得美滿的性生活。

我發現好人們很容易出現隱密的、強迫性的性行爲。我有一個理論：他們在人前表現得越好，**背後性方面的祕密就越黑暗**。

性是人類的本能，然而大多數好人都認爲有性慾是不好的，或是認爲其他人會覺得他們這樣不好，因此必須把性衝動隱藏起來，不讓人看到。不過他們的性慾並不是就此消失，只是被隱藏起來而已。一個越是需要依賴外部認可的人，就會把自己的性慾藏得更深。

萊爾是一位四十多歲的電腦工程師，很受人歡迎，是那種看起來非常隨和的人。他還是個虔誠的基督徒，教授主日學，也總是樂意幫助任何需要幫助的人。

萊爾的生活看似美滿，卻有個問題存在，那就是他私底下其實沉迷於色情作品。他在一個福音派基督教家庭長大，九歲時第一次打開了潘朵拉的盒子。萊爾小時候很孤獨，會花上幾個小時在他的小樹屋裏看裸女的照片。有這些色情作品的陪伴，他就不會孤單。

結婚十五年來，萊爾的這個祕密仍然守得好好地。多年來，他的強迫性行爲還變多了，他會去租借成人錄影帶、看脫衣舞表演，還有撥打色情電話。最近，他的還多了網路這個管道。他常常上性愛聊天室，在網路上與不露臉的網友進行線上性行爲。

在婚姻關係裏，萊爾的妻子常常抱怨兩人缺乏性生活，並哭訴已經幾個月沒有發生關係了。萊爾會同意她的感受，並表示自己也希望兩人的性生活可以更頻繁一些。然後又會繼續找藉口來推託，說是工作太累了，或是養家壓力太大了。

萊爾這一生中已經好幾次告訴自己，要戒掉私底下的那些行爲。一次又一次，他把藏起來的色情雜誌丟掉、發誓戒掉成人片，也決心不再上色情聊天室。起初他可能會停下來一陣子，但短短幾週或幾個月後，卻發現自己又回到了那個祕密的肉慾生活。

萊爾跟眾多好人一樣，投入了大量的時間與精力，在他們私底下那種強迫性的性行爲之中，以至於幾乎沒有多的力氣，用來建立真真切切、人與人之間的性關係。

「他人很好，但我真的沒性趣」

男孩子進入青春期之後，就必須開始學習與異性交往，這個過程總充滿起伏與波折。如果想要交到女朋友，且在未來某天發生性關係，那就必須弄清楚如何才能讓女孩子注意，並認同他們。

或許對某些男孩而言，這整個過程都相當容易。如果剛好長得不錯、剛好是校隊明星，或是剛好家裏很有錢，吸引女孩子注意可能就不是太困難的事。

但這些人只占少數，排除掉這些有利的因素，剩下的那些男孩才是多數。他們不知道怎麼樣才能讓女孩子喜歡自己。正是因爲這個原因，許多年輕男孩就會認爲，也許「當個好人」可以讓他們從眾多男孩之中脫穎而出，獲得女孩子的認同。如果有男孩子已經深深認定做自己是不會被接受的，那麼當個好人對他們而言，似乎又更重要了。

這個策略是在青春期時形成的，他們從那時候開始，就試圖當個好人來獲得女性青睞，也希望藉此產生性吸引力。他們在成年後仍沿用這個策略。這些好人認爲，**女性能擁有他們是很幸運的一件事，但同時卻又想不透為什麼會有女性喜歡自己。**

這種情況並不罕見。因爲他們想不出其他原因，不知道爲什麼女性會被他們吸引，或想和他們發生性關係，所以他們就會繼續堅持當個好人，就算這種策略早就被證明，無法讓他們獲得想要的性生活。

諷刺的是，試圖當個好人會剝奪一個人的生命力。越是想尋求認同，就越會想把事情做好；如此一來，就更是緊緊壓制住任何可能眞正吸引到別人的能量。這就是爲什麼我常常會聽到人們哀歎：「爲什麼沒有女人喜歡我！」原因就是，**一但他們壓抑了生命力，就沒什麼能引起人家注意，或讓她們興奮的事物了。**

許多女性跟我分享過，就算她們一開始可能會被這些人的討好所吸引，但久而久之，會發現對於要跟他們做愛這件事，沒什麼興奮的感覺。好人的伴侶常常會覺得兩人之間有些缺陷，但這實在不是她們的錯。

好人這個角色，本來就沒辦法激起伴侶的「性趣」，也很難讓人感到激情。所以再一次地，他們又採取了背道而馳的做法，讓自己無法獲得想要的性愛。

選擇將就不是愛

有一位年近三十的女性，跟我分享她的好人丈夫是如何糾纏她，向她求歡。每次她拒絕時，丈夫就會噘起嘴悻悻然地走開。當她同意時，對方就只會專注於讓她興奮，而她自己卻也沒幫丈夫做些什麼。她相當精闢地說：「就算我跟他說點一把火把自己燒了會讓我很興奮，他也會去做！而且他還會覺得這是很棒的性愛，因爲他讓我開心了。」

好人總是安於糟糕的性愛，如此一來，他們根本不會有什麼美好的性經驗。亞倫就是個活生生的例子，告訴我們好人是怎麼創造出差勁的性愛體驗。讓我們來到他的臥房，看看他和妻子漢娜之間的典型性愛場景。

亞倫跟漢娜已經幾個星期沒有做愛了，這種事對他們來說見怪不怪。不過今晚，亞倫有點感覺了，但他沒有告訴漢娜他想做愛，而是進入一個試圖間接勾起她性慾的模式。

儘管漢娜已經多次告訴亞倫她不喜歡他這樣「糾纏」，但他還是講不聽，跑到床上來，開始在漢娜背後按摩她的背。當他按摩她的肩膀時，可以暫時忘卻自己剛剛被拒絕的不滿。當他的手慢慢往下移，搓揉她的臀部時，他也無視漢娜的身體其實對他的觸摸毫無反應。他覺得這樣慢慢移動，動作不要太大就不會驚動她，並希望這麼做就能讓漢娜進入狀態。畢竟這個做法過去偶爾也是會奏效的。

當亞倫輕輕撫摸漢娜的乳房時，他沒有完全意識到自己內在到底發生了什麼事。現在，他只專注於讓漢娜興奮，也在思考要怎麼刺激她才能讓她進入狀態，但同時又不能做得太過火讓她生氣。

最後，因為漢娜沒有回絕他的挑逗，亞倫就把她翻過來，在接下來的二十分鐘裏，他把所有的注意力都集中在怎麼讓她興奮，直到她高潮為止。因為他沒有好好享受自己的性體驗，所以也很難達到高潮。

而為了達到高潮，他就在腦中幻想公司的年輕祕書。等到他高潮時，再立刻把注意力轉移到漢娜身上，察看她的情緒狀態。性愛結束後，他翻身入睡，但內心滿是空虛與怨恨。

練習36 放下毒性羞恥

你的性生活怎麼樣？你準備好開始擁有愉悅的性愛了嗎？如果是這樣的話，請繼續閱讀。

承認、面對你的性慾

本章節剩下的部分提出了一些策略，幫助好人們獲得美滿的性生活。想獲得美滿的性生活，你必須：

- 勇敢面對性羞恥和恐懼。
- DIY。
- 拒絕差勁的性生活。
- 學學公駝鹿。

面對你的性羞恥

內在的羞恥感和恐懼是可以說是一大阻礙，讓好人難以擁有美滿的性生活。男性可以讀各種書來學習怎麼把妹，或觀看各種教學影片來學習如何提升性愛技巧。但只要他們對性愛與性慾感到羞恥與恐懼，看再多的書或影片都沒用。

想要擁有美滿的性生活，必須正視自己的恐懼與羞恥、坦然面對，並減緩焦慮。這一個步驟絕對不能跳過！

突擊測驗

大多數好人一開始都會否認對性愛有任何的羞恥和恐懼。利用以下測驗，看看你是否不願承認自己對性愛感到羞恥和恐懼。

1 回想一下你第一次的性經驗，是否：

a 是可以與他人分享的愉快經驗？

b 是不為人知、倉促、內疚，或不理想的經驗？

c 痛苦、粗魯、或令人恐懼的經驗？

2 談到手淫時：

a 你和伴侶是否能坦然、自在地談論這個話題？

b 如果手淫被你的伴侶「抓到」，兩人會出現爭吵嗎？

c 你是不是強迫性地或偷偷摸摸地做這件事？

3 談論到你的性經驗、想法或性衝動時：

a 你能自在跟伴侶談論這一切。

b 你有從未與人分享過的祕密。

c 你的性慾某些時候已經在親密關係中引起了危機。

d 在人生中的某個時期，你曾試圖停止或減少某些有問題的性行為。

如果有任何一題的答案不是「a」，你就是有性方面的羞恥感和恐懼。請繼續閱讀。

多透露一點祕密，就會多一點解脫

要消除性方面的羞恥感，好人們需要一位有包容心又客觀的人來協助，不能只靠自己就想達成這個目標。爲了減緩這種羞恥和恐懼，必須將自己性方面的種種攤開來，說給值得信賴又可靠的人聽。

這種自我揭示能幫助好人減緩羞恥和恐懼，並釋放隱藏和壓抑情緒時所需的情感能量。協助好人的這些人也可以多多支持他們，告訴他們：有性慾不是壞事。

本章節前面介紹的萊爾就是一個很好的例子，說明好人如何勇敢面對他們的性羞恥和恐懼。萊爾是個虔誠的基督徒，也是個好丈夫、好爸爸，但是他卻因爲強迫性性行爲的問題相當苦惱。

萊爾的妻子從電話帳單上發現一些陌生的號碼，撥打回去確認後，夫妻生活的一切都變了樣。她覺得很茫然也很沮喪，做夢也想不到萊爾會著迷色情或電話性愛之類的事。

然而她不知道的是，剛剛發現的都只是冰山一角。罪證確鑿的情況之下，萊爾一開始還故作驚訝，假裝不知道這些東西是哪裏來的。最後，他忍不住了，把一切都說了出來。

不，應該是說，把一切「幾乎」都說了出來。又過了幾個星期，經歷數次內心的天人交戰，他打了通電話給我，之後才把一切全盤托出。

在進行了幾次個人治療之後，我建議萊爾去參加專爲性成癮者設立的十二步驟治療小組。這個想法最初讓萊爾感到恐懼，但他知道，如果想從強迫性性行爲當中解脫，並體驗眞正親密的性關係，他就必須做出根本的改變。

令萊爾驚訝的是，在其他一起接受治療的性成癮者面前揭開自己隱藏已久的祕密，並不像他原本想像的那麼困難。漸漸地，他開始會期待與信賴的人談論自己的事。**多透露一些祕密，就多一點解脫，感覺就像卸下了肩上的重擔一樣。**

開始向信賴的人透露他的恐懼和羞恥之後，萊爾發現自己也逐漸對那些難以啓齒的強迫性性行爲不那麼感興趣了。隨著他和妻子之間變得更加坦白和親密，他也開始能夠享受過去總在逃避的肌膚之親。**當萊爾誠實面對自己時，他便已著手治癒自己持續一輩子的強迫性性行為。**

在我的不再當好人小組中，我鼓勵大家坦然面對自己的性羞恥感，也支持他們明確地談論有關性慾的話題。在我們的文化中，談論到性的時候，大多都是以色情、貶低、道德化、羞辱、醫學，或開玩笑的方式進行。我讓好人們揭示自己的行爲，談論性史和早期的性經驗。此外，我還要求他們把讓自己欲罷不能的色情作品帶來。這是減輕羞恥感的另一種方式，同時也能獲得重要資訊。

在揭示自我的整個過程中，我鼓勵他們仔細感受自己可能會經歷到的一切，包括羞恥、內疚、恐懼、驚醒等。同時，我也給他們信心，告訴他們這些感受都是正常的。我們的社會中有很多關於男性性行爲的負面資訊，如果沒有這種鼓勵和支持，好人們很難克服障礙。

練習37 放下毒性羞恥

找一個你覺得舒適的地點來談論以下問題：

你的性史：討論你最早有關性的記憶、你的童年經歷、任何關於性的侵犯和創傷、你家庭中任何關於性的問題、你的第一次以及你成年以後的性史。

性方面的行為模式：討論你可能會有的任何性行為模式，像是外遇、買春、偷窺、色情電話、色情作品、裸露癖、戀物癖等。

你的陰暗面：討論那些連你自己都很難正視的一切，包括幻想、憤怒，以及冒犯他人的行為。

健康手淫，學會正確滿足自己

我經常跟好人們說：「除了自己之外，沒有人來到這個世上是爲了滿足你的需求。」這點在性方面更是如此。當好人決定對自己的需求負責並自己動手時，他們才能讓自己獲得渴望的性愛品質與頻率。讓我解釋一下。

人所有主要的行為模式，都是各種小習慣加在一起的結果。要改掉某種行爲模式最有效的方法，就是改掉生活中的種種小習慣。舉例而言，如果性生活不如渴望的那麼豐富，或者沒有得到想要的那種性愛，要想改變這種模式，唯一方法就是去調整其中的組成要素。

與其去嘗試更多的性愛，不如去改變那些造成性生活不豐富的各種小事，因爲這些小事加總在一起，就會造成這個整體的結果。改變小事，整體也會因此有所變化。

在好人能夠與他人擁有興奮、激情和美滿的性體驗之前，他們必須學會如何與自己擁有同樣的體驗。透過自己動手，練習「健康手淫」。好人們可以從改變一些小事開始，請先思考下面幾個句子：

- 在好人能夠坦然面對自己的性慾之前，他們無法毫無羞恥地與另一個人發生性關係。
- 在能夠自在地為自己帶來快樂之前，他們無法從別人那裏得到快樂。
- 在能夠獨自一人為自己的快感負責之前，他們無法在與別人在一起時為自己的快感負責。
- 除非可以不仰賴色情作品或性幻想來分散注意力，否則他們無法好好享受與他人的性愛。

好人們可以藉由練習我所謂的健康手淫，來開始改變這些情況。健康手淫是一個過程，能幫助他們展開自己的性能量，既沒有所謂的目標也沒有終點，也不單單只是爲了高潮而已。

健康手淫不需要來自色情作品的外部刺激，也不用仰賴性幻想來分散對羞恥和恐懼的注意力。這個過程是要**學會把注意力放在感覺舒服的事情上**。最重要的是，健康手淫的意義也包含自己要負責自己的性快感和性表達，也就是說，**要為自己的性慾與歡愉負責**。

許多好人在討論到健康手淫時，都會覺得好像哪裏怪怪的，因爲這個詞會讓他們感到矛盾，他們會疑惑：手淫怎麼會是健康的呢？一般來說，他們對手淫懷有嚴重的內在羞恥感；他們常常與會強化這種羞恥感的人（伴侶、宗教人士等等）在一起。許多好人也在強迫性手淫中掙扎。他們擔心任何形式的自我滿足，可能會打開潘朵拉的盒子。

我發現，當好人們學會在不仰賴幻想或色情作品的情況下取悅自己後，他們的行爲就不會是強迫性的了。我還發現，在他們與一些客觀公正的人分享經驗時，羞恥感也會迅速降低。

關於色情作品你必須知道的事

我並不是因為法律或道德問題而反對色情作品，但是我認為它對男性不健康，原因如下：

- 創造了不現實的期望，人的喜好以及對性愛的認知，都會被影響。
- 會讓男性只喜歡別人的軀殼或是身體的某個部位。
- 很容易成為性關係的替代品。
- 會產生一種催眠狀態，在這個狀態下，男性可以有性慾，同時又能轉移注意力，暫時不會專注在自己的羞恥與恐懼上。
- 會加劇羞恥感，因為通常色情作品都是在不為人知的狀態下偷偷使用的。

關於幻想你必須知道的事

幻想是一種解離，是一種把一個人的身體與心靈分離的過程。如果在性愛時產生幻想，那就是有目的性地主動離開自己的身體。雖然有些治療師主張幻想是一種改善性生活的方法，但我認為實際上這是最容易毀掉性生活的方式。

在性愛中幻想，就好像在吃美食的時候想著大麥克一樣。幻想的唯一作用就是轉移對羞恥與恐懼的注意力，或是掩蓋性生活不美滿的事實。

健康手淫能幫助改變妨礙享有良好性生活的主要行為。具體的好處如下：

- 有助於消除對性的羞恥和恐懼。
- 讓好人對自己的性需求負責。
- 消除對冷漠伴侶或色情作品的依賴。
- 幫助好人學會取悅最重要的人，也就是自己。
- 給予好人許可，讓他們盡情享受美好的性生活。
- 讓好人為自己歡愉負責。

透過健康手淫來改變這些狀態，便可以增進性愛時的美好體驗。泰倫斯的故事就是一個很好的例子：他最初來接受治療是爲了儘快解決自己的「問題」，這樣他的未婚妻就不會和他分手。在前幾次的治療中，我主要與他談論的是「將自己的需求擺在第一位」這個主題。

與大多數好人一樣，這件事最初讓他感到「不太舒服」（委婉一點的說法）。泰倫斯害怕如果自己不能成爲一個理想的情人、無法讓他的未婚妻開心，她就會像前妻一樣離自己而去。

我首先鼓勵泰倫斯爲自己做一些與性愛無關的事情。我經常告訴他，這樣會讓他更有吸引力、未婚妻會更喜歡他。等他發現把自己的需求放在首位，並不會因此失去他的未婚妻之後，我們就再往下一步邁進。

接著我和泰倫斯談到了健康手淫。我建議他找一個不會受干擾的時間，讓自己可以專注於自己的情慾與快感。我建議他手淫時不要以達到高潮爲目標，不要借助幻想或色情作品，也鼓勵他留意什麼樣的事情會讓自己感覺很舒服，並觀察自己下意識地試圖用什麼方式，來分散對羞恥和恐懼的注意力。

泰倫斯花了幾個星期才完成這份功課。第一次嘗試後，他跟我說「沒什麼感覺」。我鼓勵他繼續嘗試，每週至少一次。幾週後，他告訴我，他竟然開始能享受取悅自己，但還是覺得有些羞恥，也擔心他的未婚妻會生氣。

我請泰倫斯帶他的未婚妻一起來接受治療，以改變他們的性愛模式。我們談到泰倫斯已經不再只專注於怎麼讓未婚妻興奮、高潮，而是越來越專注在自己身上。

這件事其實讓他的女朋友如釋重負。她透露，泰倫斯期望她有多次高潮，讓她感覺很有壓力，但她之前都沒有跟泰倫斯說過。**她也說有時候自己只是在假裝高潮而已**。

當他們彼此溝通做愛時的各種感受之後，兩人的性愛模式也就有了變化。他們開始花更多的時間，一起談論做愛時喜歡什麼和不喜歡什麼。一開始雖然很困難，但泰倫斯還是與未婚妻分享了他從健康手淫中認知到的自身狀況。沒想到，他的未婚妻竟然向他表示願意滿足他，並一起建立互惠的性關係。

幾個月後，泰倫斯和未婚妻如期結婚了。兩人都表示，捨棄掉舊的性愛模式，轉而以更親密、更有互動的方式享受性愛之後，心理壓力也就沒那麼大了。

放下毒性羞恥

練習38

留出時間，找個不會受到干擾又舒適的地點來練習健康手淫。藉由觀察自己和觸摸自己來進行，不要借助色情作品或幻想。留意在沒有任何目標或意圖（例如高潮）的情況下，探索性慾是什麼感覺。

同時也要觀察任何自己正在分散注意力的傾向（開始幻想、以目標為導向、分心、失去肉體的感覺）。好好觀察這些經驗，用它們來了解你的羞恥和恐懼。

別再做只有一個人的愛

在性方面，好人們徹頭徹尾就是最底層的角色。面對殘羹剩飯他們選擇將就，然後又回過頭來乞求。面對色情作品中扭曲的身體意象，他們選擇將就。面對色情電話和聊天室那種不露面的性愛，他們選擇將就。

別人不情不願地與他們發生性行爲，他們選擇將就。他們接受敷衍了事、強迫性的手淫。他們接受缺少激情、機械式的性愛。他們選擇自我催眠和幻想。總而言之，在性方面，許多事情好人們都選擇將就。

只要他們願意接受這些不盡人意的性行爲，就很難得到眞正美滿的性生活。我常常跟他們說：「**若想得到你想要的，就得放下你遷就的。**」唯有下定決心不再將就，才有機會享有美好的性生活。

那麼美好的性愛應該是什麼樣子呢？如果要從電影或色情作品中找尋答案的話，一定會適得其反。接下來我們就來談談我所認爲的「美好的性愛」。

美好的性愛，需要兩個人全權負責自己的需求。沒有目標、沒有企圖也沒有期望。它不是表演，而是性慾的展現。兩人要以最親密及最脆弱的方式呈現自己；當兩個人能專注於自己的激情、快感和興奮之情，並與伴侶相互交流這些感受，就能擁有美好的性愛。

這一切因素加總讓我們明白，美好的性愛應該是自然而然的，是不可預測的，還會讓人念念不忘。

當好人決定不再將就，開始拒絕不理想的性愛時，他們也就會做出改變：不會再執著於當個完美情人、學著清楚直接地表達事情、選擇願意發生性行爲的伴侶、停止將就、明白性愛也該是寧缺勿濫。

亞倫就是一個好例子，告訴我們當一個好人決定對不美滿的性愛說不之後，生活會有什麼不同。最初來到不再當好人小組的前幾週，亞倫向大家發洩了他的挫折，也告訴各位夥伴要讓漢娜願意和他做愛，是件多麼無助的事情。

很明顯地，亞倫相信他的妻子掌握著他「性福」的鑰匙，他怨恨漢娜故意拒絕使用這把鑰匙。他覺得自己受到冷落，也覺得自己一文不值。

幾週後，我建議亞倫暫時停止性行爲，六個月不要與漢娜做愛。我希望他在這段時間裏，去做一些因爲和漢娜結婚而沒再做過的事。我還鼓勵他告訴漢娜自己的感受。

我跟他說停機一段時間，會讓他更容易做到這些事情，因爲他不必那麼關心漢娜到底要不要跟他做愛。只要他們沒打算做愛，他就不必擔心自己是不是會不小心惹她生氣，導致她不願意做愛。

起初，亞倫很懷疑這個計畫是要怎麼讓漢娜更願意與他發生關係。我告訴他，目標不是要讓漢娜更願意做愛，而是要他收回鑰匙，不要一直覺得自己是受害者。

儘管他一開始猶豫不決，但他也坦承無論如何他都沒有太多的性生活。在小組成員的支持下，亞倫決定當晚回家就告訴妻子他的計畫。

隔一週後，亞倫與小組成員分享了他告訴妻子的事情。他說，她最初很生氣，但在這一週裏，她表現得比過去幾個月更愛他了。

在接下來的六個月，亞倫與小組分享了他的經歷。有幾次他告訴大家，自己做了一些以前會非常焦慮的事。他和一些多年未見的朋友出門、開始與妻子分享自己的感受，也好幾次在生氣時向妻子表達憤怒。他甚至有好幾次讓妻子知道，自己現在沒有心情聽對方講她的問題。他還發現自己變得更加誠實了，開始向她透露以往只埋在心裏的事。

亞倫也提到，他的妻子開始會挑逗他。漢娜向他透露，當他不再苦苦追求，她反而覺得可以更自在地向他靠近。她還表示，她喜歡能夠與亞倫一起分享性慾，但不必總是以性交告終。

六個月後，亞倫說他感覺不那麼怨恨了，與妻子也更親近了。他還發現了該如何滿足自己的需求、更直接地表達自己的感受，而且並不一定要透過性愛來達成。最重要的是，當他和漢娜再次開始做愛時，他覺得與妻子的關係變得更加緊密了。

練習39 放下毒性羞恥

試著暫停性行為、刻意在預定的時間裏避免性行為。無論你在性方面的狀況如何，這都可以是一種很有幫助的學習體驗。大多數人最初都抗拒這個想法，但一旦他們決定這樣做，就會發現這其實是一種非常正向的體驗。暫停性行為可以有很多好處：

- 幫助打破生活中失調的迴圈。
- 不再一方苦苦追求，一方刻意疏遠。
- 減輕內心的憤恨。
- 讓好人明白其實可以沒有性生活。
- 幫助好人明白，性體驗全權掌握在自己手中。

- 幫助好人看清自己怎麼會去接受不盡人意的性愛。
- 讓好人不再害怕伴侶拒絕性愛。
- 幫助好人注意到性慾的含義：每當有性衝動時，他們能問自己：「我為什麼會有性慾？」
- 透過戒除強迫性手淫、色情作品和其他成癮行為，來幫助打破成癮模式。
- 幫助好人們面對他們在性方面一直逃避的感受。

在開始暫停性行為之前，請先與你的伴侶充分討論，這麼做有助於設定時限。我建議的時間為三到六個月。一旦開始執行，就要特別留意你和伴侶之間是否有犯規或不遵守約定的行為。也請記住，這只是一種學習體驗，不必擔心自己無法完美執行。

公駝鹿的催情劑：自信

在自然界中，公駝鹿不會呆坐在原地空想，到底怎麼樣能吸引到母駝鹿。牠們順應天性：兇猛、強壯、好勝、在性方面感到自豪。牠們只是做自己、做該做的事，自然就能吸引到伴侶。

我們從自然界學到一個道理：**最好的催情劑就是自信**。當好人們能自在地做自己，他們開始看起來就更有吸引力。男人身上的自尊、勇氣和誠信，看起來是多麼地有吸引力。若好人能跨出步伐並把自己放在第一位，人們自然會做出回應。

我聽過多位男士講述，他們如何「自私地」將自己的需求擺第一位，卻**意外發現自己原本性趣缺缺的另一半，開始想要共享激情**。我有一個個案已經十四個月沒有和妻子做愛了，他在小組中和大家分享，自己已經厭倦了聽妻子抱怨她工作上的問題。

某天晚上，他結婚十五年來終於第一次告訴妻子，他太累了，聽不進去她的抱怨。他表示，儘管他的妻子最初很生氣，但過段時間後，她竟然來主動求歡。

放下羞恥，回歸自然

性愛會讓人興奮的部分，也正是它可怕的地方。性愛強大、混亂又狂野，而我們就像飛蛾撲火。當好人減輕了他們對性的羞恥和恐懼、對自己的快樂負責、拒絕不盡人意的性行為，並練習做自己之時，他們也就能無所畏懼、毫無保留地面對性愛。等到那個時候，美滿的性愛就不再遙不可及。

第九章

夠好，就好

世界很富足，前提是你得願意接受。

如果生活可以隨心所欲：

- 你想住在哪裏？
- 空閒時你會做些什麼？
- 你想做怎麼樣的工作？
- 你的家庭與周遭環境會是什麼樣子？

看看你現實的生活，然後問自己兩個問題：第一，你打造出來的人生是你想要的嗎？第二，如果不是的話，爲什麼會這樣？

大致上，我幫助過的好人們都聰明、勤奮又有能力。雖然大部分的人都還算小有作爲，但也幾乎都沒有充分發揮他們的能耐與潛力。而且也沒有打造出自己眞正渴望的那種生活。

好人們總在尋求認同、隱藏自己的缺陷，又不願意冒險，行事作風也總與目標背道而馳，因此他們錯過了許多可能，沒能成爲他們有機會成爲的樣子，這點也沒什麼好意外的。或許這也是好人症候群所造成的最大的悲劇。無數聰明、有才華的人浪費了他們的生命，深陷在生活的泥淖中，過著平庸的日子。

問題到底出在哪？

大多數好人會開始來諮商，是因爲他們的生活模式已經影響到了親密關係，也有意解決這個問題。這些情感關係的問題往往掩蓋了他們對工作、事業或生活方向也同樣不滿意的事實。但是，導致好人們親密關係失調、不如意的原因，往往也就是導致他們工作失調、不如意的原因。

有許多原因導致他們在生活上總感到力不從心，包括：

- 恐懼。
- 總想把事情做到好。
- 總想靠自己做所有事情。
- 自我破壞。
- 扭曲的自我意象。
- 剝奪性思維。
- 耽溺在熟悉但失調的生活模式中。

各種問題的核心因素：恐懼

好人的所作所為，幾乎都受到恐懼支配。他們的想法由腦中受到恐懼包覆的神經元所傳遞，他們的行動由受到恐懼左右的思維所決定。恐懼會讓他們不敢去索求承諾好的加薪；不敢重返校園去接受教育或培訓，以追求嚮往的職涯；不敢辭掉自己不喜歡的工作；不敢去打造夢想中的事業；不敢去眞正想住的地方居住、做眞正想做的事情。

他們害怕犯錯、害怕做得不好、害怕失敗、害怕失去一切。但這些情緒說穿了其實正是對成功的恐懼，雖然看起來很矛盾，但是好人們往往害怕萬一自己眞的成功了：會被拆穿一切都是騙局；會辜負別人的期望；會被批評；會被越來越多的期望擊垮；會失去生活的控制權；會不小心把一切都搞砸了。

與其面對這些眞切又或許是庸人自擾的恐懼，好人們往往就想著乾脆不要發揮自己的潛力，乾脆不要成功算了。

總想把事情做到「好」，只會扼殺熱情

進化與改變是生命相當重要的一環。爲了能自然而然且完整地進化與改變，好人得要願意放手。放手能幫助一個人感受到生命中各種偶然的波折，懂得欣賞這些波折的美好之處。如此才能活得充實而精彩。

好人一心一意想把生活控制得平穩順遂，所以做起事來總是循規蹈矩、一絲不苟。殊不知這種生活策略不僅對生命的創造力毫無幫助，還會扼殺熱情，最終導致他們無法充分發揮潛力。

總想把事情做到好，害好人們失去了創造力與生產力。凡事力求完美，害他們只會專注在自己的不完美。一心尋求他人的認同，害他們落得平庸。試圖隱藏缺點和過錯，害他們不敢冒險也不敢嘗試新的事物。循規蹈矩，害思想固執、戒愼恐懼，做起事來又畏首畏尾。

正是這些畫地自限的行爲，害得許多好人對自己的生活及工作不滿，感到無趣又沒有熱情。

有需求不是壞事，試著接受幫忙

從小時候開始，好人們的需求就沒有被及時且合理地滿足。有些是被忽視、有些是被利用、有些是被虐待、有些是被遺棄。所以他們在成長的過程中都相信，有需求是一件壞事，會帶來危險，因此如果想要擁有什麼，就只能靠自己了。

結果，好人們就變得難以接受別人的幫助與付出，也害怕向他人求助。如果別人想爲他們付出，他們還會覺得很恐怖。對他們來說，要拜託別人事情太難了。

因爲好人們相信，所有的事情都要靠自己，所以他們很少能充分發揮潛力。畢竟世上沒有人能夠樣樣行、樣樣精通。而他們相信自己應該要能做得到，因此他們或許什麼都會一點，但樣樣都不精通。這種兒時經歷的制約，害得好人們無法在任何領域眞正地出類拔萃。

自我破壞，害怕目光與期待

因爲好人畏懼成功，所以他們往往都是自我破壞的高手。他們經常會用以下方式讓自己無法成功：浪費時間、找藉口、做事有頭無尾、強迫關懷他人、一次同時做太多事情、陷入複雜的關係中、拖延、不設立界限。

他們通常都很擅長表現得一副很有能力的樣子，但是眞的變得很厲害、登峰造極的話，就會招致太多不必要的目光與檢視。成功的光芒可能會照亮他們自己認爲的問題與缺陷。

因此，好人們發展出許多有創意的方式，來避免自己太過成功。不要開始執行，就不會有所謂的「搞砸」。不要把事情做完，就沒有所謂的「做得不好」。同時做很多事情，就能說服自己沒必要把任何一件事做得很好。只要有夠好的藉口，就不用擔心別人對他們的期望過高。

扭曲的自我：不管怎麼做都不夠！

由於童年遭受的挫折，好人們於是對自己產生一種扭曲的看法。他們用兒時那種天眞而不成熟的想法得出一個結論：如果自己的需求沒那麼重要，那麼自己本身也就沒那麼重要。這就是他們毒性羞恥感的根基。好人的內心深處都認爲自己不重要、不夠好。

如果好人們必須照顧愛挑惕、黏人或依賴心很強的父母，就會接受到雙重的毒性羞恥感。這些孩子總認爲自己應該要能夠取悅愛挑惕的父母、幫憂鬱的父母解決問題，並滿足予取予求的父母，但不幸的是，他們是辦不到的。

因爲無法解決父母的問題或取悅他們，許多好人會發展出一種根深蒂固的不足感。他們相信自己應該要能完成這些事，然而，卻似乎永遠也無法眞正處理好這些問題。憂鬱的媽媽還是憂鬱、愛挑惕的爸爸還是愛挑惕。

這種內在的不足感伴隨著他們長大成人。有些好人努力地想把每件事情做好，來彌補內心的不足。他們希望只要這麼做。就沒有人會發現他們的不足。而有些好人則是在嘗試彌補之前就先放棄了。

這種不足感害好人不敢讓自己被別人看見，害他們不敢冒險、不敢抓住機會，也害他們不敢嘗試新的事物。於是他們就一直維持著老樣子，做不出什麼了不起的大事，也總看不見自己的智慧與才華。周圍的人都能看見他們的能耐，但是他們因爲童年的不幸，發展出扭曲的視野，讓他們看不見自己有多大的潛力。

這種扭曲的自我意象，形成了情感與認知上的「玻璃天花板」。這個天花板阻擋他們向上爬，讓他們無法成就可能的一切。如果他們硬闖，就會撞到頭，然後掉下去跌入更深的谷底、變回老樣子，甚至還變本加厲。

受害者心態：我是被剝奪的人

上述原因使好人產生了一種信念，也就是他們所需要的事物在這世上是不足夠的。這便造就了一種被剝奪的感覺，這種感覺也塑造了他們看待世界的視角。

這種想法讓好人變得有控制欲，開始會去操縱別人。因爲覺得自己渴望的東西稀缺又匱乏，他們深信必須緊握手中擁有的，不要輕易冒險。也因此，**看見別人擁有自己所匱乏的事物，他們會心生憎惡。**

受到這種被剝奪的感覺影響，好人們的想法都很狹隘。他們認爲自己不值得擁有美好的事物，也不容自己的這種想法受到任何挑戰。他們只要有殘羹剩飯就滿足了，覺得這就是自己值得擁有的一切了。

他們用許多說法來合理化，爲什麼老是得不到自己眞正渴望的事物。就是因爲這種悲觀的信念，所以他們無法充分發揮潛力、無法得到人生中眞正渴望的事物。

明明大可以轉身不要了（但你不敢）

如前幾章節所述，有兩個主要原因阻礙著好人得到渴望的愛情。第一個原因就是，他們傾向於重建自己熟悉卻不滿意的關係。他們找到的伴侶，會幫助他們建立小時候經歷過的那種失調關係。

然後，好人們又常常把自己看作是這段關係中的受害者，將伴侶視爲加害者。他們沒有發現自己會選擇這樣的伴侶其實事出有因。

第二個原因就是，好人不懂得怎麼結束一段不健康的關係，也因此他們無法擁有自己眞正渴望的那種關係。當健康的人都收拾好心情繼續向前走的時候，好人們只會陷在同一個迴圈躊躇不前，繼續做徒勞無功的事，妄想著會有奇蹟出現。

好人們在工作方面的情況也差不多是這樣。他們選擇的職業與工作環境，能幫助自己重建童年時那種失調的角色、關係以及原則。同樣地，他們還是把自己看作是受害者，**總是不願看清，這都是自己選的，明明大可轉身離開不要了**。

不自覺地在自己的事業裏重建原生家庭中那種熟悉的模式，讓好人們陷入困境而心生不滿。延續童年時期的種種不幸，只會阻礙他們執行眞正想做的事情，也讓他們無法在自己的領域裏成功。

實現你的熱情與潛力

我常常跟不再當好人小組的成員說，我要讓他們每一個人在離開時都變成大富翁。這句話其實與金錢沒有半點關係，而是要讓他們充滿心靈的富足，能發現自己的熱情所在，並充分發揮自己的潛能。

如前面所說的，來找我諮商的男士一般都是聰明又有才的人，只要他們能從好人症候群中走出來，就能開始接受自己本來的面目。願意接受自我，就能夠擁抱自己的熱情，面對自己的恐懼。

如果能用更正確的眼光看待自己，就能讓這世界的富足自由地進入到生命裏。或許是金錢、或許是愛情、或許是性、又或許是名譽。有時甚至以上都會同時出現。

本章節接下來的部分將介紹一個策略，幫助好人們成就所有可能。接下來幾頁所介紹的方法，已經幫助過無數位好人找到熱情、發揮潛力。這些方法一定也能幫助到你。

面對恐懼

查理本來是個我所說的那種生活沒有熱情、也沒有好好發揮潛力的好人。我們第一次見面時，他被困在一份不喜歡的工作中，過著平庸又充滿恐懼的日子。

幾年前，他拿到了工程學位，可是他還是繼續做著上大學前就開始做的那份工作。他的雇主曾經承諾畢業後就會讓他升遷，後來承諾沒有兌現，查理也只是摸摸鼻子，壓抑心中的不滿，繼續幹下去。

查理唯一的愛好就是飛行。雖然他的母親總警告他這件事很危險，但他還是在大學畢業後開始去上飛行課。查理的夢想是獲得飛行員執照，不過他似乎從來沒能夠滿足實現目標的必要條件。

查理的一位女性同事介紹我的網站給他。當他讀到關於好人的描述時，他覺得非常羞愧，心想怎麼會有人這麼了解自己。然而事隔六個月，他才鼓起勇氣給我寄了第一封電子郵件。又過了兩個月，才寄了第二封。他從第一次造訪我的網站開始，就明白自己有必要加入男性治療小組，但一想到自己這麼脆弱，他就又害怕了。

就在這時，查理做出一個改變一生的決定。他決定，如果有一件事讓他如此害怕，**他就必須正視這份恐懼，去做這件事**。那時他還不知道，這個決定會開啓一趟旅程。這趟旅程將引導他重新找回自己的熱情與人生目標。

在接下來的一年半裏，查理遵守一個原則：害怕的時候，必須面對恐懼。查理的進步雖緩慢卻穩定，不過本來就是要先學會爬才能學會走。接著慢慢走，直到有一天能開始跑起來。只要他開始行動，就沒有什麼能夠讓他停下腳步。

在大約十八個月的時間裏，查理採取了許多步驟，讓自己重新找回人生的目標與熱情。他在不再當好人小組中越來越活躍，勇於揭露自己的故事，也勇於和小組成員正面交談。

他開始審視原生家庭帶來的影響，包括被疏於照顧的經驗，以及一些因恐懼而生的扭曲價值觀。他要求父親與他一同去諮商，在諮商時深入了解父親年幼時對他不聞不問，又不關心他的心理健康，到底是怎麼一回事。

查理不再把沒錢上飛行課這件事怪到別人頭上；原本的飛行學校無法提供他所需要的指導與設備，他便換去了別的飛行學校。他開始用他的工程學位來找工作，開始正視自己的不足感、自己不敢冒險的心態，以及懷疑自己的工程師資格這種扭曲的信念。

查理也跟女友（最初他很害怕對方）明講，說她沒有盡到在這個家該盡的責任。他開始獨當一面地飛行，並取得飛行員執照。他讓小組成員在他生日時帶他去餐廳，幫助他面對成爲目光焦點的恐懼。他申請並得到了一家工程公司的工作邀約，這間公司表示相信他的能力與才華，也相信他能對公司有所貢獻。

在查理告訴大家他得到這份工作時，我知道自己見證了一場史詩級的蛻變。查理已經從一個內向、畏縮又被動的好人，轉變成一個有目標與熱情的成功男性。我請查理寫封電子郵件給我，告訴我他成功的祕訣。以下是他寫的內容：

親愛的羅伯特，

我大致上是這麼做的：

1 第一步，我不再把自己當成受害者了。

2 我開始設立界限。先從簡單的做起，慢慢增加。

3 設立界限之後，看到自己的界限有被尊重，我開始對自己有了信心。

4 在這段時間裏，我也變得誠實了。

5　我相信自己已經成年了，也有文憑，我絕對有資格勝任工程師一職。

6　我一直都知道前僱主是有問題的，也知道自己為什麼還是選擇繼續待在那裏。我後來明白，我不需要這種失調的人際關係也能活得好好的，接受了這個事實之後，我就能往前走了。

查理　上

想像你正在做自己喜歡的工作

大多數的人都沒有自覺：想要怎麼樣的人生，就必須自己去創造。當然，好人們也是如此。大多數人都只是接受現況，好像人生是否豐富、精彩或充實，都由不得自己。

當我跟好人們討論要如何掌控自己的人生時，他們大多都無法想像這到底是怎麼樣的概念。這並不符合他們的想法與習慣，他們從沒想過自己可以做出選擇，並採取行動讓選擇成爲現實。

我鼓勵他們想像，自己正在過做著喜歡的工作來賺錢的生活。很多人都覺得這太難以想像了，好像我在跟他們說什麼天方夜譚一樣。有時候他們會用這個說法來否定我的建議：「不是每個人都像你一樣幸運，做著眞心喜歡的工作，也得到很好的報酬。」曾幾何時我也覺得這種話並不過分，但後來我突然明白，**我能過上這樣的日子，完完全全不是靠運氣**。

我拿到博士學位是我的決定，我知道自己在做什麼，也付出了堅持與努力。我靠的不是運氣。

要做起心理諮商的業務，我必須面對恐懼，我爲此辭去了原本安穩又高薪的工作。爲此我必須做出犧牲，同時做兩份工作才能付得起各種帳單。我在不斷的嘗試與犯錯之中學習。也曾有過一段貧窮的日子。我靠的不是運氣。

培養治療師的技能，是我對個人成長做出的承諾。我不斷學習、成長、改變，也爲這個過程投資了不少。我靠的不是運氣。

寫書、架設網站還有出版書籍都需要一顆堅持的心，也要能面對無數的恐懼。我靠的不是運氣。

我沒有什麼特別之處。我只是個普通人。我與我自己幫助過的好人們有許多相同的恐懼。我的才華與能力就眞的只是普普通通而已。那麼我做了哪些努力呢？

- 有意識地面對恐懼。
- 有意識地拒絕平庸。
- 有意識地設立自己的原則。

仔細想想一些你敬佩或是仰望的人，大多數可能一開始兩手空空，卻還是能想辦法活得精彩有趣，並找到生活的熱情。這些人走出了自己的路，設立了自己的原則。是什麼讓他們與衆不同呢？**他們也不過是普通人，只不過他們懂得要為自己的人生負責。**

好消息是，如果他們能做到，那麼你也可以做得到。我非常推崇這個想法。如果別人能爲自己的生活負責，並創造出值得效法的生活方式，那麼你當然也有辦法做到。

唯一阻礙你的，就是你自己了。所以你應該開始爲自己規畫往後的路，制定自己的原則，並努力實現你的夢想。是時候開始採取行動了！

放下毒性羞恥

練習40

檢視下列清單，選擇其中一項，並說明這件事帶給你的恐懼具體而言是什麼感受。請寫下你要如何面對這個問題，然後一步一步，慢慢開始面對這個恐懼。找個人來鼓勵你、支持你，不要獨自嘗試。

要相信自己，不論發生什麼事，你都能處理好的。

- 要求加薪或升遷。
- 辭掉不喜歡的工作。
- 創業。
- 重返校園進修。
- 面對衝突。
- 推廣一個想法或一件你創作的物品。
- 追求人生目標。
- 花更多時間在自己的嗜好上。

放下完美主義，只求「夠好」

這本書的原型只是短短幾章節的文章而已，我只打算用在一開始的不再當好人小組。起初也沒有出書的目標與企圖，我寫這些只是用來記錄我對好人症候群日益深入的見解。

沒過多久，許多個案與他們的家人都建議我把這些文章寫成書；我覺得這個建議非常合理，因爲對我而言，似乎只是把我正在做的事情再做個邏輯延伸而已。然後，事情就開始有了變化。我不再只是爲了個案寫寫一些見解與實例，我開始致力於寫下值得出版與廣泛傳播的內容。我的周遭開始出現一些聲音，像是「暢銷書」、「歐普拉秀」、「賺大錢」等。

曾經毫不費力又熱愛的事情，在旁人的期望下開始變得壓力重重。為了不辜負大家的期望，我必須把書寫好。寫好還不夠，必須完美才行。懷抱著這個目標，我花了六年的時間來寫這本書。這段時間，親朋好友最常問我的問題就是：「你什麼時候會把書寫完？」

幾年來，書稿至少大幅修改了三次，也編輯了好幾次。很多原因都讓這本書花了我好多時間才完成，但最主要的原因是因爲我追求完美。我覺得這本書必須完美才能出版、必須完美才會有人買、必須完美才會對人有幫助。

不幸的是，這種想法對我造成了不良影響：我認爲自己必須寫下所有關於好人症候群的事情（原稿篇幅可能是現在的四倍）。我認爲我必須是一個能言善道的作家，且不容文本有一絲謬誤。

我開始去接受治療，設法找出遲遲無法把書寫完的原因。我的孩子們開始覺得失望，還認爲我永遠沒辦法把書寫完。我的妻子半開玩笑地威脅我，如果不把書寫完，就要離我而去。

最後，經過多年挫折，我開始有所突破。有位相當有智慧的人建議我告訴自己，就算這本書永遠都不會出版也無所謂。而那時我瞬間好像明白了什麼，有種解脫的感覺。

我意識到自己已經偏離了最初的目標，一開始只是希望寫下一些看法，幫助別人活得更好。後來我放下得失心，出版、暢銷書、歐普拉秀，這些都於我如浮雲，情況就改善了。

我又找回最初的目標。從那時起，我寫作時只問自己一件事：「這能幫助我的個案找到問題的答案嗎？」我還不斷提醒自己，如果不把這本書完成，我的個案們就永遠沒有機會從我的見解中受益。

當我不再堅持本書必須完美，我就開始步上正軌。於是我完成了這本書。許多讀者表示這本書改變了他們的人生；很多治療師爲他們的個案索取這本書；脫口秀主持人、報社、專欄作家等也開始聯繫我，想要採訪我；出版商也一一上門。我甚至聘請了經紀人。

力求完美，只會讓這本書無緣出版。於是我放手，不再追求完美，只求「夠好」就可以了。**這麼做我能更自在地擁抱熱情，也能創造更持久的價值。**這個原則對各位好人同樣適用，生活中的各方各面都值得參考。

練習41 放下毒性羞恥

你的夢想是什麼？是什麼阻礙了你，讓你無法實現夢想？寫下你在這一生中想實現的三件事，並寫下自我肯定的詞句，告訴自己你辦得到，把這張紙條貼在你看得到的地方。與信賴的人分享你的夢想與自我肯定的詞句。

練習42 放下毒性羞恥

你的完美主義或是堅持要把事情做好的心態，是如何阻礙你發揮你的熱情與潛力？挑一件你一直想做的事情：寫一本書、把愛好變成事業、搬家、進修或是好好發展一項才能。

接著，問自己一個問題：如果你已經提前知道自己會成功，你還會不會猶豫不決？會不會讓你從完美主義中解脫？會不會讓你開始行動，或是去完成那些已經開始的事情？如果你已經提前知道自己會成功，你會願意承擔什麼風險？

你還在等什麼？還不快放下你的完美主義，然後開始行動！

學著請求幫助，你的需求也很重要

菲爾是個典型的「覺得凡事都只能自己來」的例子。他的人生目標就是變成有錢人。他人帥、聰明、性格開朗又幽默，看似集各種優點於一身。然而，他似乎從來沒能達到自己的目標，也沒能實現夢想，因爲有太多事情阻礙著他了。

他喜歡耍小聰明，做事拖拖拉拉，又充滿了不安全感。他還總是懷疑自己是不是眞的值得擁有那些想要的東西。也許菲爾的人生中最大的阻礙，就是無法向別人請求幫助。

他對於受人幫助這件事有著偏差認知。他覺得自己不配擁有他想要的東西。他覺得自己的需求對別人來說根本就不重要。他覺得如果用直接又明確的方式向別人開口，自己的需求就鐵定不會被滿足。

有一天，菲爾來參加不再當好人小組聚會時，他感歎自己與妻子之間性生活太匱乏。我問菲爾有沒有主動向他的妻子求歡，他給出否定的答案。我又問他，他覺得妻子是否想跟他做愛，他又給出否定的答案。

我告訴菲爾，我認爲這是個根本上問題，他缺乏性生活的主要原因是：**他覺得自己的需求不重要，也不相信別人願意幫助他滿足需求。**我建議他，改變自己看待性需求的方式，先從這裏做起，或許可以再進一步改變看待生活中其他需求的方式。

下個星期，菲爾滿面春風的出現，開心地說：「我老婆跟我做愛了。」小組成員也感受到他散發出的熱情，他們想知道是怎麼辦到的。

「我就只是開口問她要不要。」菲爾的答案很簡單。

我詢問菲爾，他的妻子對於與他做愛這件事有什麼看法。「她覺得挺好的。」他接著說：「她說她喜歡跟我做愛，只是我太久沒問她了，所以以爲我沒興趣。」

一週後，菲爾跟小組成員分享，他不敢跟他的岳父借錢來換掉他家老舊的窗戶。小組成員問了他換窗戶的價錢，然後有些人表示曾經做過這類的工程。於是我建議菲爾請小組成員幫助他。

雖然對他來說好像是要了他的命，但菲爾還是詢問了小組成員願不願意幫他換窗戶，組員們也異口同聲地說他們很樂意。大約過了一個月以後，一行人齊聚在菲爾的家裏，一起幫他換掉了老舊的窗子。

這兩次的經歷給菲爾帶來了深遠的影響。他開始明白，自己的需求是重要的，也明白別人會願意幫助他滿足需求，**而要讓別人幫自己忙最有效的方法，就是開口請求。**

菲爾開始仰賴這種新觀念來生活。短短幾週後，他與小組成員分享他要創業的計畫。他想做景觀設計的生意，而且還有朋友答應要幫助他創業。菲爾想到就覺得很興奮，因為這個季節性的工作讓他可以在冬天時去教滑學。教人家滑雪可是他一生的夢想！

他有一位老友表示願意資助他，他的妻子自願爲了他找一份含健保的工作，小組成員也幫助他擬定創業計畫書，並協助他記帳。

如果只靠自己，菲爾會很辛苦，也很難獲得眞正渴望的事物。當他開始求助，讓大家幫助他之後，他的生活就有了轉機。現在的他已在正軌上，朝向夢想中的職業與生活邁進。

認清自我破壞的行為

正如前幾章所述，好人們有許多有創意的方法來阻礙自己成功。他們會浪費時間、拖延、已經開始做的事情不繼續做完、花很多時間解決別人的問題、用各種瑣碎的事來分散自己的注意力、陷入複雜的關係以及找藉口。

薩爾的父親是個消極的人，而母親患有思覺失調症（舊稱精神分裂症），他就在這兩人的撫養下長大。薩爾的父母兩人都沒有時間關注他或滿足他的需求。

他從很小開始，就被迫照顧他的弟弟，他根本別無選擇。當他感到害怕或不知所措時，他就會做好長期抗戰的準備，以頑強的決心，舉步維艱地前進。

成年後，薩爾為他的叔叔經營一家修車廠。他的叔叔是個小氣、短視近利又參與度低落的老闆。薩爾要負責利用叔叔給的有限資源，與一群心懷不滿的員工來創造得以繼續經營的收益（薩爾竟然還認為這樣的做法可行）。

薩爾每週來小組報到時，第一件事就是吞幾片止痛藥來緩解工作造成的壓力性頭痛，畢竟他的工作本身就是個不可能的任務。有一次我問薩爾是否想談論一下他在這樣的工作中還有什麼選擇。

「說這個有什麼用？」他說：「沒有別的辦法啦！」

接下來的十五分鐘裏，小組成員問了薩爾一些問題並提出解決方案。薩爾看起來活像個沒有打麻醉就在接受根管治療的人。

「你就去跟你叔叔談談看，讓他知道他給你的資源太少了，你很難做事。告訴他有多困難。」

「我已經說過了，但他才不管。」

「員工可以享有分紅嗎？這樣他們才有動力。」

「我叔叔那麼小氣，他才不會贊成呢！」

「那請個助理來分擔工作量呢？」

「我們請過一次，但成效不彰。」

「那你能不能不要當主管，回去漆車就好。」

「這樣是可以多賺點錢，但是那個有毒。」

「那不要待修車廠了，去做別的工作怎麼樣？」

「例如什麼工作？我有房貸要繳、有老婆、有兩個小孩。我還能再重頭來過嗎？」

「你熱愛什麼？夢想中的工作是什麼？」

這一次薩爾停頓了片刻才開口：「我一直想教武術，但這是不可能的。我晚上跟週末都要工作，我老婆也不可能同意的，而且我也會沒時間陪我的孩子。」

一個個問題伴隨著一個個的解決方案，讓薩爾明顯地緊張了起來。他的眼神散發著恐懼，彷彿正在被特務用警棍與鐵鑿審問著。當發現探討各種可能性只會加劇他的恐懼，讓他更加退縮時，小組成員們就識相地停手了。後來，薩爾還把這次的經歷稱為「小組霸凌」。

大多數情況下，好人都不是別人的受害者，他們是自己的受害者。端看薩爾的態度跟作爲，就知道他永遠不可能在工作中成功，也永遠不會滿意這份工作。但是困在這樣一個壓力重重，對誰都沒有好處的境地，對他來說似乎反而更加熟悉也更加自在。

每位我幫助過的好人，在某些時候終須下定決心，停止自我破壞。要從好人症候群中恢復過來，這是非常重要的一環。爲了從生活、工作與事業中獲得他們渴望的事物，好人們必須有意識地停止自我破壞。

要做到這一點，有一個辦法就是改變自己對「改變」的想法。第一步就是要讓好人們明白，自己爲什麼會下意識地設立這麼多障礙，讓自己停滯不前。

房子、妻子、學歷、債務、孩子，通通都是藉口。要在生活中做出重大改變，並沒有要求他們拋下這些人事物於不顧。所以說，他們必須先看清，這都是自己的藉口。看清以後，就開始慢慢地往自己想去的方向前進。

舉例而言，薩爾可以開始一個禮拜找一個晚上來做武術教學，也可以開始努力償還個人債務以便未來能換工作。他也可以把花在瑣碎、不喜歡的事情上的時間重新安排，拿來做想做的事。

練習43 放下毒性羞恥

你認為你的需求是重要的嗎？你相信別人會願意幫你滿足自己的需求嗎？

拿出一張紙，列出目前生活中可以幫助你的人。這些人可以是家人或朋友，也可以是專業人士，例如律師、醫師、治療師、會計師等。列好後，回答下列問題：

- 除了他們以外，你還需要怎麼樣的人來幫你？
- 你可以怎麼更有效利用這些幫手？
- 你都是怎麼阻礙他們幫助你的？

開始找機會向這些人求助，建立起人脈。在請他們幫忙之前，先重複這句肯定的話語：這個人願意幫助我滿足我的需求。

練習44 放下毒性羞恥

想一想你都是怎麼自我破壞的。釐清自己的行為模式之後，請思考你應該採取什麼不同的做法，來獲得自己真正想要的東西。回顧下列每一項，並找出可以幫助你停止自我破壞與實現目標的具體作為。

- 心無旁騖。
- 立刻採取行動。
- 停止追求完美。
- 做事有始有終。
- 一次做一件事情就好。
- 不要找藉口。
- 不要再插手別人的問題。

與一個信賴的人分享你的策略，定期向他們報告，以監測你的進度（如果這一步沒做到的話也是在自我破壞）。

練習45
放下毒性羞恥

放下這本書，閉上眼睛。深呼吸再慢慢吐氣，重複個幾次。清空你的思緒。

等你放鬆下來了，想像自己活在一個富足的世界裏。在這個世界裏沒有任何的束縛或限制。美好的事物不斷從你身旁經過。想像一下你曾經渴望的每一件事物：汽車、房屋、朋友、愛情、快樂、財富、成功、平靜、挑戰。想像自己活在這種富足的環境之中。

每天重複練習這個想像幾次，直到開始有真實感為止。張開雙臂，敞開心胸，擺脫束縛，順其自然。

好事會發生的，只要你先這樣想

你有沒有想過，爲什麼別人似乎擁有的比都你多得多？別人好像更有錢、有更好的工作、開更好的車、娶更漂亮的老婆？你羨慕嗎？會不會因此眼紅？會不會想著這麼好的事什麼時候會輪到你？

受到幼年人生經歷影響的緣故，好人往往會受剝奪性思維所支配。他們認爲這個世界上的一切就只有這麼多了，如果別人擁有的很多，就會剝奪自己擁有同樣事物的機會。

好人們不太明白，我們所存在的這麼地方，是個富足且還在不斷膨脹的宇宙。他們認爲一切美好的事物總是供不應求，因此會緊緊抓住已經得到的東西，深怕放開手就再也得不到了。他們認爲自己必須控制與操縱，以確保現有的那一丁點東西不會消失。他們不敢冒險，也不相信需求永遠都有機會被充分滿足。

羅素是位成功的業務，他的薪水高達六位數。他總是很有紀律地把四成的收入用來儲蓄與投資，活期存款也總是維持至少三萬美元的餘額。雖然他很有能力創造財富，但還是受到剝奪性思維所控制。羅素非常害怕破產，所以他連好市多一個九美元的錄影帶都不准妻子買，因為這不在他的預算之類。

羅素表現在金錢方面的剝奪性思維，也反映了他對整個世界的看法。他的父親是個吝嗇且古板的人，家裏三個孩子他就只批評羅素，對其他兩個兄弟則是喜愛有加、大加讚揚。後來在去世前，羅素的父親更改了遺囑，把羅素的名字拿掉，並把要給他的那份遺產捐給了教會。這也難怪羅素會用剝奪性的眼光看待這個世界。

如果我們把這世界看成是個富足的世界，我們就能意識到，世上一切都是足夠的。我們所需要的一切都在身邊流淌，**我們應該做的就是擺脫狹隘的思維，讓美好的事物流向我們。**

放下毒性羞恥

練習46

閱讀以下列表，試試其中一些原則。在列表中也另外加入你自己的原則，把這些原則寫在便條紙上，放在你每天都看得到的地方。

- 就算害怕某件事，也得去做。
- 不將就，需要將就的就不是你真正渴望的事物。
- 把自己擺第一位。
- 不管發生什麼事，你都能處理好。
- 做什麼事都要有始有終。
- 一成不變的做法，只能帶來一成不變的事物。
- 這世上唯一需要為你的需求、渴望以及快樂負責的人，只有你自己。
- 想要的東西就要去索取。

- 如果現在的做法行不通，那就換個做法。
- 直接一點、明確一點。
- 學著拒絕。
- 不要找藉口。
- 你已經成年了，可以制定自己的原則了。
- 讓他人幫助你。
- 對自己誠實。
- 絕對不要讓任何人虧待你。
- 遇到糟糕的事情就轉身離開，不要傻傻等待情況好轉。
- 絕對不要容忍不可容忍的事情。
- 停止責怪，受害者永遠不會成功。
- 活得正直，想清楚什麼是對的，然後做對的事情。
- 接受自己行為的後果。
- 對自己好一點。
- 思考「富足」的意義。
- 勇敢面對困境與衝突。

- 不要偷偷摸摸做任何事情。
- 立刻採取行動。
- 心甘情願放下你所擁有的事物，才能騰出空間給你所渴望的事物。
- 好好享受生活，如果你無法好好享受，表示一定是哪裏出了錯。
- 容許自己失敗。人生沒有所謂的過錯，這些都是很好的學習經驗。
- 控制終究會換來一場空。學會放手，讓生活順其自然。

看看周遭的各種物質享受：別人開的車、住的房子、旅遊的地點。如果別人能過著充實而富足的生活，爲什麼你不能呢？要記得，別人做得到的事，你也做得到！

別人可以賺一百萬美金，爲什麼你不行？
別人可以創立夢想中的事業，爲什麼你不行？
別人可以開賓士，爲什麼你不行？
別人可以辭掉爛工作去找更好的工作，爲什麼你不行？
別人可以去當滑雪教練，爲什麼你不行？

不幸的是，這世界不會給予我們還沒準備好要接受的東西。因爲剝奪性思維的關係，好人會緊緊抓住手中的事物，所以沒有接受更多東西的可能。菲爾的故事告訴我們，如果我們開口去要求自己所想要的事物，並眞心相信能夠得到，那麼我們想要的那件事物，無論如何都會出現的。

獲得你渴望的人生：給好人們的成功策略

好人們相信，這世上有一套原則能規範所有行爲。他們相信只要能弄清楚這些原則，並好好地遵守，就能獲得順遂而幸福的人生。他們還相信，如果無法弄清楚與遵守這些原則，就會有可怕的後果。

要找到自己的熱情與目標，必須先釐清哪些做法有用，哪些沒有用。心智成熟又成功的人會建立自己的原則。這些原則只有唯一一個衡量的標準，那就是：有沒有用？

多年來，不再當好人小組中的成員發現了一些對他們有用的原則。這些原則幫助他們找到自己的熱情、發揮潛力。這些原則也幫助他們創造了自己眞正渴望的生活與事業。

是時候開始獲得你渴望的事物了。從好人症候群中解脫，會讓你找到自己的熱情與潛力。只要你爲自己負責，願意開始創造你眞正渴望的生活，你也能擁有無限的可能！

後記

重拾愛人與被愛的能力

我花了六年時間來寫這本書。這段時間裏，我協助過無數位好人以及他們的伴侶，平均一週要主持三個不再當好人小組。光是小組時間，就累計超過一千八百個小時了。在這一千八百個小時之中，我觀察到許多有趣又深刻的事物。

我親眼看著無數位男性，從無助、消極、控制欲強又憤恨不滿的受害者，變成了有能力又獨立的男人。

我親眼見證了許多人的親密關係大幅地改善，也見證許多早該結束的關係終於走到終點。

我聽過很多人主動推薦這本書，也讀過眾多讀者的來信，他們寫下生活的變化，並對我表達感激。男性讀者與女性讀者都有。

我收到來自全球各地的回覆。我的網站上有刊登關於好人的描述，他們說從這些描述當中看見了自己，或他們所愛的人。

根據這一切觀察，我最大的發現就是：本書所提出的做法與見解，眞的都非常有幫助。

讀完這本書後，我鼓勵你再從頭來過。多花點時間做突破自我的練習。如果你還沒開始任何行動，請找一個信賴的人或團體，來幫助你走出好人症候群。如果你正在一段關係之中，請與你的伴侶一同閱讀這本書，並與對方分享你對自己的看法。

嘗試本書所提出的做法來改善生活，會是你給自己與所愛之人最大的禮物。等你學會自我認同時，你會發現在你內心深處開始萌生一種難以想像的能力，那是愛人與被愛的能力，也是活得充實的能力。這種海闊天空的感覺或許最初會讓你恐懼，但攸關著你是否能展現出本質，也影響著你的各種可能。

當你發掘出眞正的自我，你會獲得無限的自由。這種自由讓你能隨心所欲地做自己，讓你能不再追求認同，也讓你能開始獲得你渴望的事物。

致謝

謹將本書獻給所有掏心掏肺與我訴說人生故事的男士。本書與你們有關，為你們而作，由衷感謝你們的分享。

我也想謝謝所有在我撰寫本書時給予支持的人，包括團體心理治療及研討會上的男性同胞們、讀過初稿給我寶貴意見的親朋好友，還有每一位曾經關心過我書是否已經寫完的人。

另外也要特別感謝伊莉莎白．歐瑞斯克薇琪、安妮．哈斯汀絲博士、黛比．杜娃爾、納特．索貝爾、蘿拉．諾蘭以及珍妮佛．卡西烏絲。沒有你們的幫忙，就不會有今天這本書。

你或許會覺得本書提供的資訊、原則、應用與練習有所幫助，但請知悉：本書作者與出版商並未涉及提供任何專業建議，以處理特定醫療、心理、情緒與性方面的問題。請勿將本書內容視爲任何形式的診斷、處方、醫療建議或治療方針。

每個人都有不同需求，本書無法顧及所有個體之間的差異。如需接受任何治療、預防、療程或一般保健等，請務必尋求專業人士協助，包括執業醫師、治療師或其他合格的醫療從業人員等。

中英譯名對照

再版序

好好先生症候群 Nice Guy Syndrome
納特・索貝爾 Nat Sobel
巴諾書店 Barnes & Noble
奔騰出版社 Running Press
華納兄弟 Warner Brothers
毒性羞恥感 toxic shame
羅伯特・布萊 Robert Bly
麥可・米德 Michael Meade
十二步驟團體治療 twelve-step program

第一章

馬溫・米克托斯特 Marvin Milquetoast
《化身博士》Strange Case of Dr. Jekyll and Mr. Hyde
《歡樂單身派對》Seinfeld
互助會 support groups

第二章

《天才小麻煩》Leave It to Beaver

《白日夢冒險王》The Secret Life of Walter Mitty

男性氣質 masculinity

《鐵約翰》Iron John

卡米拉・帕格里亞 Camille Paglia

〈政治不正確的欲望〉Politically Incorrect Desires

第三章

匿名戒酒會 Alcoholics Anonymous

價值依附 attachments

親密可能性 possibility of availability

第四章

潛藏期待 covert contract

第五章

個人能力 personal power

第八章

陰道恐懼症 Vagiphobia

i 生活 35

毒性羞恥：讓男人不敢做自己、隱藏過錯、渴望認同的童年創傷

作　　者　羅伯特．格洛弗
譯　　者　王梓争
封面設計　木木 Lin　　內文排版　裴情那
副總編輯　林獻瑞　　責任編輯　張洛人　　行銷　陳雅婷

出 版 者　好人出版／遠足文化事業股份有限公司
新北市新店區民權路 108 之 2 號 9 樓
電話 02-2218-1417　傳真 02-8667-1065
發　　行　遠足文化事業股份有限公司（讀書共和國出版集團）
新北市新店區民權路 108 之 2 號 9 樓
電話 02-2218-1417　傳真 02-8667-1065
電子信箱 service@bookrep.com.tw　網址 http://www.bookrep.com.tw
郵撥帳號 19504465 遠足文化事業股份有限公司
讀書共和國客服信箱：service@bookrep.com.tw
讀書共和國網路書店：www.bookrep.com.tw
團體訂購請洽業務部 (02) 2218-1417 分機 1124
法律顧問　華洋法律事務所　蘇文生律師
印　　製　博創印藝文化事業有限公司　電話 02-8221-5966

出版日期　2023 年 8 月 2 日初版一刷
定　　價　420 元
ISBN　978-626-7279-27-4

國家圖書館出版品預行編目資料

毒性羞恥 : 讓男人不敢做自己、隱藏過錯、渴望認同的童年創傷
羅伯特 . 格洛弗 (Robert Glover) 作 ; 王梓争譯 . -- 初版 . -- 新北市 : 遠足文化事業股份有限公司好人出版 : 遠足文化事業股份有限公司發行 , 2023.07
面 ;　公分 . -- (i 生活 ; 35)
譯自 : No more Mr. Nice Guy : a proven plan for getting what you want in love, sex, and life.
1.CST: 自我肯定 2.CST: 自我實現 3.CST: 生活指導 4.CST: 男性
ISBN 978-626-7279-27-4(平裝)

177.2　　112010995